圆梦清华

34位家长的教育笔记

圆梦清华

34位家长的教育笔记

耿宝辉 主编

河北大学出版社·保定

YUANMENG QINGHUA
34 WEI JIAZHANG DE JIAOYU BIJI

出 版 人：朱文富
选题策划：杨显硕
责任编辑：马　敏
装帧设计：杨艳霞
责任校对：耿兆飞
责任印制：常　凯

图书在版编目（CIP）数据

圆梦清华 ：34 位家长的教育笔记 / 耿宝辉主编 . --
保定 ：河北大学出版社，（2022.01 重印）
ISBN 978-7-5666-1891-7

Ⅰ . ①圆… Ⅱ . ①耿… Ⅲ . ①家庭教育 Ⅳ . ① G78

中国版本图书馆 CIP 数据核字 (2021) 第 136529 号

出版发行：河北大学出版社
地址：河北省保定市七一东路 2666 号　邮编：071000
电话：0312-5073019　0312-5073029
邮箱：hbdxcbs818@163.com　网址：www.hbdxcbs.com
经　　销：全国新华书店
印　　刷：保定市北方胶印有限公司
幅面尺寸：170 mm × 240 mm
印　　张：13.5
字　　数：180 千字
版　　次：2021 年 10 月第 1 版
印　　次：2022 年 1 月第 2 次印刷
书　　号：ISBN 978-7-5666-1891-7
定　　价：40.00 元

编　委　会

前　言

教育是一个永恒的话题，家庭教育则是其中的重要组成部分。习近平总书记说：“家庭是人生的第一个课堂，父母是孩子的第一任老师。”如何培养教育孩子，给孩子创造一个良好的成长环境，让其在家庭的呵护下健康成长，长大后成为对国家、对社会有用的人才，是我们每一个家长的责任和义务。

清华大学的学生无疑是他们这一代人中的佼佼者，除了孩子自身的天赋和努力外，家长在孩子的成长中无疑也起着重要的作用。每一位清华家长在培养教育孩子方面都积累了丰富的经验，并有着自己的独到之处。

2021 年春节过后，清华大学在全国新冠肺炎疫情基本得到控制的前提下，按时开学。在孩子们返校后，为了丰富家长们的生活，回味陪伴孩子成长的激情岁月，也为了回馈社会，为广大家长朋友在教育培养孩子方面提供借鉴和参考，我在清华大学家长群中发起了“我是如何培养孩子的”主题征文活动。

征文启事发出后，得到了全国广大清华学子家长们的热情回应和支持，大家结合自己孩子的成长经历，畅谈培养和教育孩子的经验、方法和感悟，写出了一批语言朴素、感情真挚、引人深思的文章。这些家长如果从职业划分有公务员、教师、农民和企业管理人员，如果从其孩子进入清华大学的途径划分有通过高考进入清华的学生的家长，也有奥赛生和艺术生的家长。尽管大家来自不同的地区、不同情况的家庭，但每一篇文章都发自肺腑、有感而发，既有失败后的泪水，也有成功后的喜悦，对于孩子的教育和成长具有很强的借鉴意义，值得每一位学生家长学习思考。

为了更大地发挥这些文章的作用，我们 34 名家长决定将其交给出版社公开出版，并由几位热心的家长组成了编委会负责出版的相关工作，这得到了河北大学出版社的大力支持。2021 年是清华大学建校 110 周年，我们的这本集子，算作家长对校庆的献礼。

耿宝辉

2021 年 3 月

目　　录

保持好

加油喽

暖 身 操

每个孩子都是落入凡间的精灵

尊重孩子的成长规律、成长节奏

在成长中引领他们，帮助他们找到属于自己的路

培养孩子的随想

陈　寰

回味与孩子经历的点点滴滴，感慨良多。与其说是我们陪伴他的成长，倒不如说是他带我们又重新回到了童年，让我们重新经历了一次成长，并让我们在陪伴他成长的过程中，不断体会他的所思所想，不断探索和修正我们的教育方式方法。在孩子成长的过程中，父母要呵护孩子的无邪与渴求，为孩子开启心灵的窗户，点亮指引的明灯，在生活的点滴中互相成就，共同学好为人之父母、为人之子女的人生课题。

从生活点滴入手，培养孩子积极的兴趣

兴趣是最好的老师，良好的兴趣可以激发孩子的潜能、开发其智慧、磨炼其意志、陶冶其性情。培养兴趣应从孕期开始。怀孕四个月后，我便坚持每天晚上听轻音乐或读优美的诗歌散文，也许胎儿听不懂这些，但是能让孕妇平和、恬静，让胎儿安静，胎动正常。儿子出生四个月后，我一有时间，就拿起五彩的儿童画册给他读童谣，讲童话故事或一起认物。那时，我父亲责问：他听得懂吗？别浪费时间了。我想儿子也许听不懂，但听多了能加深记忆痕迹，奠定兴趣基石。我从事财务工作，怀孕时经常加班算账，这样无意识的胎教让我儿子的记忆力和数学兴趣特别强，以至于后来我教他 10 以内的加减法，他不仅非常喜欢，还能迅速说出答案。凡是孩子问这是什么、那是为什么时，我都会抛开成人的身份，站在孩子的角度来感受他的精彩世界，认真地去关注孩子的问题，帮助他寻找答案，满足他的好奇心。我和爱人达成的共识是要对孩子有耐心，所以我们对孩子的各种问题都不会表现出不耐烦或随便敷衍，或来一句“你这都不会，哪

那么多问题”，让孩子的好奇之火在刚燃烧起来时便被吹灭。我们随时提醒自己要将原生家庭教育不断优化，避免扼杀孩子的求知欲，让他对未知世界充满好奇和兴趣。

记得儿子上小学时，他想做课外小实验——生物发电，需要柠檬、小电灯泡，我们帮他购置相关材料；初中时，他发现冰淇淋包装箱中的干冰，想做干冰升华的试验，我们果断地把干冰给了他。我们的配合和支持不仅满足了他的好奇心，还培养了他探寻世界的志趣，也唤醒了他对学习的兴趣。

从细节做起，培养孩子的自律和自信

他律，钉得太紧，会让孩子逆反、厌学、专注力不够。怎么培养孩子自律呢？

第一，培养孩子勇于坚持的恒心。我们将这种恒心培养寓于生活小事、业余兴趣之中，在课程少、自主时间相对较多的小学阶段，我们分阶段给他报了美术、跆拳道、钢琴、游泳等兴趣班：美术、跆拳道中途就放弃了；对钢琴、游泳还比较喜欢，但弹钢琴遇到难的新谱时，他就觉得很枯燥，想放弃；游泳遇到雨天就想休息。针对他的这种心态，我们紧紧抓住孩子较为喜欢的钢琴和游泳这两项，无论酷暑寒冬还是刮风下雨，都想方设法鼓励并陪伴他坚持下去，从不间断。当学习较难曲谱时，就让他采取练习数量由少到多的办法，避免产生枯燥感和挫败感，这样坚持到小学五年级，他钢琴通过了十级考试。对于游泳，我们要让他懂得它既能锻炼身体，又是一种生存技能。寒暑假时，我们陪他坚持每天游泳一个小时，每次游完 500 米，就奖励他一次。初中时，他报名参加了市级少年游泳比赛并获奖。

第二，培养孩子的时间观念和良好习惯。完成好家庭作业是形成时间观念和良好学习习惯的关键环节。儿子刚上小学时，我们不知道作业量的多少，也不知道他完成作业的速度，所以决定先观察一段时间。结果，他每次完成作业后，都有大量的时间打游戏。他一打游戏我们就“加量”，儿子渐渐变得不开心或者做作业磨洋工。通过观察，我们发现他也没闲着，不但边做作业边看课外书，还要防范我们家长搞突然袭击。针对这种情况，我和他爸爸商量之后立即改变策略，规定他每天完成学校布置的家庭作业外，再完成三道数学“举一反三”试题和 10 个英语单词听写，并与他共同商定好要求，只要他按要求完成，剩余时间就自己安排，想玩儿什么就玩儿什么，想看课外书就看课外书。诸如此类，无论是作业，长跑锻炼，还是玩儿游戏，莫不如此。这样久而久之的坚持，他不仅学会了自我管理时间、提高了学习效率，也增强了他学习、生活方面的自律意识。

第三，要激发孩子自身认真学习的动力。我们经常和他一起阅读一些图书，如《爱的教育》《中华上下五千年》《小王子》《飞鸟集》《鲁滨逊漂流记》《中外名人传记》等，让他从中体会读书的乐趣和意义，领悟学习不是老师和父母逼的，而是成为一个于祖国和社会有用的人之所需，这样的情怀教育更大地激发了他学习的内生动力。

第四，给予孩子刻苦奋斗的精神动力。无论孩子年龄大小，取得的成绩大小，都应该肯定他、激励他，鼓励他要学习“苔花如米小，也学牡丹开”的乐观向上的精神，而不是否定他、打压他或持无所谓的态度。根据不同时期、不同阶段、不同科目，我们与儿子商定科学合理的奋斗目标，达到目标就奖励他一个他想要的礼物或满足他一个能兑现的愿望。当达到目标并实现其愿望时，他就会有种荣誉感、自豪感和幸福感。记得他在小学阶段，每次单科考试第 1 名时，我们就会兑现奖励，如吃一顿大餐或送他一本课外书。当他考上广元最好的初中——大东英才学校时，我们奖励他一架电子钢琴并送给他两本《全球通史》，让他不断地对自己充满自信，并充分体会到：幸福是靠自己奋斗出来的。

从感恩教育做起，培养孩子健康的心态

学会知恩感恩，孩子才会有一个正确的人生观，才会有一种健康的心态，才能积极面对生活中遇到的挫折。

首先，感恩教育要从小事做起。我们以生日为契机，每逢儿子生日，我们送上小礼物，表达我们对他浓浓的爱意；每逢家中长辈生日，我们会提醒他打电话或发短信送上祝福，引导他学会感恩亲人。当孩子以优异的成绩考上成都七中、清华大学后，我们引导他首先将这一喜讯分享给初中、高中教过他的所有老师，在教师节前夕提醒他给老师送上祝福。为抗击新冠肺炎疫情大家踊跃捐款时，我们也让他积极参与，献上一份爱心，教育引导儿子要对他人、对社会心怀感恩。

其次，感恩教育要从父母做起。父母就是孩子最好的榜样。他小时候要求我们陪他时，我和他爸爸从未觉得厌烦，而是非常乐意接受并有质量地陪伴他。他写作业，我们就在旁边看书；他睡觉，我们在他睡前讲故事或聊些学校里的趣事；他游泳时，我们就在池边为他计时、计数；他练琴

时，我们就默默地聆听，偶尔指出错误。他上高中后，我们也坚持至少每月见面交流一次。陪伴成为我们与孩子之间最长情的告白，给他幸福的童年生活，让幸福的童年去温暖他的一生，让孩子感受到父母、家庭的挚爱与亲情。同时，我们带儿子观摩“家风馆”，参加关爱孤独症儿童、制作咖啡等集体活动，教育孩子感谢外公、外婆的陪伴之恩，父母的养育之恩，老师的教导之恩，同伴的帮助之恩，国家的培养之恩，社会的关爱之恩，形成健康向上、阳光敞亮的内心世界，以乐观积极的心态坦然面对学习生活中遇到的挫折。

现在，他 18 岁，已是清华大学的一名学生。他很独立，无论在学校里，还是在寒暑假往返途中，一切事情都自己解决。“养儿一百岁，常忧九十九”，哪有父母不牵挂孩子的呢？但能在孩子年幼时给予其无微不至的关爱，又能在孩子长大后学会得体的退出，是我们父母需要学习的终身课题。亲子关系不是恒久的占有，而是生命中一场深厚的缘分，我们既不能让孩子感到童年贫瘠，也不能让孩子觉得成年窒息。

作者简介：陈寰，女，公务员。儿子高中毕业于成都七中，现为清华大学未央书院 2020 年级电气工程及自动化专业学生。

当好孩子的第一任老师

秦长明

我们家是祖孙三代共同生活的一个大家庭，宝贝孙子一出生，正好我们老两口先后退休，既享受了天伦之乐，又减轻了年轻人的生活负担。随着孙子一天天长大，如何教育培养孩子的问题成了我们家的重中之重。家庭教育，自古至今都是一个永恒的话题，其重要性是不言而喻的。进入新时期，习总书记强调："家庭是社会的基本细胞，是人生的第一所学校。不论时代发生多大变化，不论生活格局发生多大变化，我们都要重视家庭建设，注重家庭、注重家教、注重家风……"把家风、家教作为践行社会主义核心价值观、提升道德修养和文明素养的重要内容势在必行。18年来，在教育培养孙子的过程中，虽有些切身体会，但与其他优秀的家庭相比差距甚大，拙文小结，目的是以期得到各位的帮助和指导。

教育引导孩子养成一种良好的习惯

有人说，子女真正受益终身的往往不是父母留下的钱财，而是父母培养的好习惯。这话极富哲理。孩子好习惯的养成，与家长的言传身教、影响引导是密切相关的，尤其要重视每个"第一次"。

第一，养成善良的习惯。"上善若水""仁爱之心善待他人"，类似的古训很多。好言好语暖人心，善心善声誉天下。要从小教育孩子养成这种美德。小孙子上小学时遇到一件事：同班一个男孩，因小孙子与他不和的同学一起玩耍，便要找人打小孙子。我们得知此事后不是教孙子胆怯，更不是与那个男孩针锋相对，而是主动与他沟通交流，加上其家长做工作，他俩很快化解了矛盾，增进了友谊，最后竟成了好朋友。这件事虽不大，但是第一次碰到，作为家长就要主动帮助，避免矛盾激化。做人要善良，要与人为善，对孩子因势利导能影响其一生。在孩子成长的过程中，可能会碰到许多第一次，第一次迟到、第一次和同学打架、第一次不遵守纪律、第一次因考试成绩低而流泪等等。当问题发生了，家长不可以护短，也不可以急躁，要具体问题具体分析，找出解决问题的办法。第一次出现问题，家长若不闻不问，长此以往终会铸成大错。

第二，养成真诚做人的习惯。真诚是人生崇高的美德，是每个人处世行事应遵守的准则。小孩子是最单纯的，你播什么种子，就会发出什么芽。因此，从小教育引导孩子做人要真诚，待人要真诚，处事要真诚，感人以诚不以伪。

孙子上幼儿园时，我们教育他不撒谎，和小朋友好好玩儿，与人为善。上小学后，我们适时地启发他要做一个知行合一的人，表里如一，说到做到。初中4年（本地学制为4年），孙子一直担任班长。他刚担任班长时，总会纠结老师不在的时候他该如何维持班上的秩序，如有个别同学总爱讲话，他身为班长如果不认真管理，自己失职；但是大胆制止，他又怕得罪同学。我们引导他既要大胆管理，又要讲究方法，并告诉他：诚恳待人、坦坦荡荡，你只要是真心为全班同学负责，同学们会支持你的。后来，在一次全班选举“你最信任的人”无记名投票中，他得票最高，这对他来说是个很大的鼓励。

第三，养成守时的习惯。一个人要有时间观念，这是一个很重要的习惯。这个好习惯靠自觉养成。小孙子从小学、初中到高中，上学从未迟到过，轮到值日，他总是提前到校。初中时，有几次轮到他们小组值日，打扫室外卫生，他一个人快把大片区域打扫完了，小组其他同学才到，老师见他一个人扫地就过来和他一起干。冬天下雪了，他总是提前去学校扫雪，有时临睡前还告诉我们，晚上要是下雪了，早晨早点叫他。我想这个好习惯，对他将来踏上社会、走向工作岗位非常有益。

第四，养成勤奋学习的习惯。学习是逆水行舟，不进则退。

孙子考进清华大学不是靠天资，而是靠勤奋努力。他进入小学后，我们就有意识地培养他勤奋和专注学习的习惯。如放学后，我们建议他先完成作业再玩儿，慢慢地，他养成了作业完不成，谁叫也不去玩儿的习惯。初中阶段，尤其是十二三岁的孩子容易出现逆反心理，如果此时的教育方法不得当，孩子极易走弯路。我对孙子的要求是遇到问题一定要和家长多沟通，要守规矩、有礼貌、勤学习、善思考。让我们特别欣慰的是，他知道给自己加压，成绩一直名列前茅。课余时间，他还学画画儿、学钢琴、学手风琴，兴趣广泛。考入高中后，因有之前良好的学习习惯，在高手如云的环境里，他有计划、有针对性地学习，变得更加自觉、主动和勤奋。高二上学期，孙子的期末考试成绩有些下滑，我和他班主任意见一致，劝他放弃奥数学习，集中精力把学科成绩提高，他万般不舍。当我提出放弃奥数后，他默默地落下大颗大颗的眼泪，我真的被他的执着打动了，那晚与他谈话时的情景我仍历历在目。最后，我和孙子共同商定，奥数仍然坚持，但是落后的学科采取措施尽快赶上。就这样，他持之以恒，付出了比别的同学更多的努力，获得了数学联赛山东省一等奖，其他学科也没受到影响。这件事告诉我，孩子只要肯努力，有学习积极性，有奋斗目标，就要支持他，鼓励他。笨鸟早出林，事在人为，不到最后誓不言败。他上大学后，经过考核，顺利加入了键盘乐团。清华大学 110 周年校庆时，他们手风琴队 9 名同学参加了校庆的演奏表演。

第五，养成生活规律的习惯。从小学起，我们就教育他养成早上按时起床、中午定时午睡的习惯。生活要有规律，最主要两条，一是不仅要吃早饭，而且要吃得好，保证一上午 4 节课身体需要的营养。有不少同学早上不吃早饭，或简单吃几口，这是非常不可取的。二是要午休，保证下午精力充沛。孙子高中 3 年，晚上睡得再晚，早上必须 6 点准时起床，按时吃好早饭。中午时间再短，哪怕只有半小时，也要小睡一觉。现在上大学了，他仍然坚持每天按时吃早餐的习惯，只要没有特殊的事情，中午都要午休一会儿。这些生活好习惯都是平时养成的。

孙子在老师的培养和教育下，在同学们的帮助下，进步很大，收获很多：初中时获 2017 年芝罘区优秀学生称号、十中道德标兵、优秀学生干部和学习标兵多项荣誉；高中时获得烟台市优秀学生干部称号，每学期均获学校优秀团干部、三好学生、优秀学生会干部、学习标兵等多项荣誉。可以说，12 年的基础教育，他养成的良好习惯，为他以后的成长之路打下了坚实基础。

家庭教育就是父母和孩子共同成长

每一个人的各种行为都会受到家庭环境的制约和影响。

我们老两口都是 20 世纪 70 年代初入党的，退休 10 多年，对孙子疼爱有加。高中 3 年，我俩天天早上 4 点多起床，为孙子准备可口的早餐；学习上尽可能多关注，想方设法为孙子提供帮助；在道德品质教育、好习惯养成方面更是从不懈怠，“润物细无声”，潜移默化地影响着孩子。教育是一种爱心，有大爱才能做好教育，做好家庭教育就是爱的体现。有这么两件小事，对他影响不小：

一是，我的手机在超市购物时被人顺走了，报警未果，手机中存有多种信息，我心痛了好些天。事隔不久，我在家门口走廊上捡到一个成色很新的品牌智能手机，我毫不犹豫地拿着手机挨家询问，直到登上五楼，碰见邻居正好出来找丢失的手机，物归原主。我把前后两个丢手机的小故事，讲给孙子听，对他启发很大。因势利导，活生生的事例教育会起到事半功倍的效果。

二是，有意识营造家中学习的氛围。孙子上高中后，我家客厅大彩电几乎成了摆设，全家人晚饭后闲下来读书、看报，营造一个良好的学习环境。孙子也自觉，不玩儿手机、不打游戏，偶尔上网也是查查资料。很难想象，大人如果经常在家打麻将、玩儿手机会对孩子学习有多大影响。

这两个小事情对他的教育影响是显而易见的，他诚实、善良、自律、助人为乐的品德得到老师和同学的称赞。从初中到高中，他管理的团费分文不差，还常常为没带零钱的同学垫付。初中时，他先后得过 200 元、500 元、1000 元奖学金，至今仍放在他抽屉里分文没动。孙子上大学后，我担心他会沉迷游戏或者逃课，现在看来这种担心是多余的。他能自律，能自我管理。

孩子上大学后，家长如何调整好心态

纵观大一上学期，家长们的心态发生了很大变化。归纳起来大致可以分为以下几种：

焦虑型。焦虑型家长担心孩子的一切，如担心孩子没抢上课怎么办？引体向上拉不动怎么办？不会游泳怎么办？没考过英语四级怎么办？选专业怎么办？绩点低了影响推免怎么办？这类家长整天忧心忡忡，不知道该怎么办。

思念型。孩子离开家了，有的家长总觉得空落落的，干什么都没劲儿，什么都不想干。有的家长一进孩子房间，不由自主地掉眼泪，吃不香，睡不着，一日三餐，凑合凑合。有的家长觉得寒假太短，40 多天飞一样就过去了，还没喜欢够呢，又要开学了……

放心型。孩子很优秀，家长很放心，相信孩子会处理好一切，只要给够了生活费，一切可以不管不问。

关心型。这类家长时常关注孩子，虽不像高中时那样包揽一切，但仍

然细心地指导孩子，从穿衣吃饭、选课修课、课余活动、学分绩点，无一不牵挂。

智慧型。智慧型家长都是高智商、高情商、高水平的，他们明白大学管理规则，熟悉各项考试流程，能帮助孩子做出切实的学业规划和人生目标，是孩子的主心骨和领路人。

凡此种种，虽不能概括全面，但也说明了大多数家长在和孩子分离初期的心态变化。罗列出来不是对号入座，而是想知偏纠偏。家长们要慢慢适应，调整心态。

祝愿孩子们展翅高飞，在清华学业有成，有责任担当，将来健康地为祖国工作 50 年！祝愿各位家长事遂心愿，永远当好孩子们的坚强后盾！

作者简介：秦长明，男，退休干部。孙子高中毕业于烟台第一中学，现为清华大学 2020 级机械系学生。

家长应具备的三种心态

李秀青

随着孩子的长大，家长们是不是感觉到他们开始不听话了，甚至还学会了顶嘴？当孩子达不到我们的预期时，我们就会不由自主地火冒三丈，然后“鸡飞狗跳”的日子就会越来越多，生活进入了恶性循环。在此，我通过亲身的经历，建议家长们应学习调整自己，树立正确的心态，这样亲子关系很快就能“母慈子孝”了。

第一种心态：感谢命运赐予我们一个健康的孩子，珍惜陪伴孩子的时光。

曾经在网上看到两篇文章，其内容对我触动很大，可能有的家长也看到过，在此分享出来。一篇是《如此亲密的日子，真的就这么几年而已》(大家可以在网上搜到)，文章中是一个妈妈和一个胖胖的两三岁的宝宝的图画，有妈妈把宝宝抱在怀里的，有宝宝躺床上妈妈哄他睡觉的，有宝宝坐地板上和妈妈碰脑门儿的，孩子的小脸满足幸福……从孩子跨入幼儿园的大门起，未来的那些年，孩子大部分时间就属于学校了，回家后还有作业，还要玩耍，还要睡觉……再过些年还会谈恋爱，然后就会结婚有自己的家庭了。能如此亲密的日子，真的就这么几年而已。

在这以前我也经常对孩子发火，让她早点睡觉，她就非得磨蹭到10点以后，让她快点写作业，可是她就不急不慢。家长越着急，她就越像没事人一样越不着急。后来这篇文章触动了我。想想也是，我们的孩子，有的初中高中就住校了，高中不住校大学也就住校了，在我们眼前晃不了几年。后来我就很少和她着急发脾气，念叨也少了，她自己反倒不那么磨蹭了。女儿高中住校以后，如果再听到同事抱怨孩子缠着她讲故事、玩儿游戏占用了自己的时间，搞得自己很累之类的话，我都会羡慕地告诉她：珍惜吧，孩子在身边陪不了你几年，转眼就长大独自飞了。

另一篇是很短的一段话，问养孩子是为了什么？传宗接代？养儿防老？一个很感动的答案：是为了参与一个生命的成长，参与意味着付出和欣赏。不求孩子完美，不用替我争门面，不用为我传宗接代，更不用为我养老。我只要这个生命存在，在这个美丽的世界走一遭，让我有机会和他同行一段。这个答案说出了我的心声。

所以说真心感谢我们有一个健康的孩子，陪伴孩子的这段时间我们要认认真真、开开心心，以后回想起来也是幸福的。

第二种心态：找到孩子的闪光点，认可他；对孩子的缺点，也给予理解。

每个孩子都有优点，家长要善于发现孩子的闪光点，并真心指出，真心地认可他。孩子是父母的影子，他身上的缺点根源都在父母身上，不管是外貌特点（像长相、体能好坏），还是脾气秉性（说话语气、内向外向）都来自父母。所以这是很多时候家长批评孩子没有效果的原因吧。你们大人都这样，还要求我？所以作为家长，我们还是多表扬，多鼓励，少批评吧。

说实话，每个家长都会说出孩子一大堆的缺点，我们做家长的有责任给孩子指出来，可是不能总挂在嘴边。家长也要有意识地克服自己身上的缺点，给孩子做一个榜样。再就是，批评孩子、指出孩子的缺点应在合适的场合。合适的场合就是在和孩子充分沟通的基础上，确认孩子能够接受你的观点。他可能不会很快改正过来，可能需要一定的时间，需要一个改正的过程，但只要孩子接受了就有希望。请大家记住，当你在气头上的时候把孩子的缺点罗列出来是最不明智的。

家长还应当引导孩子与人为善，培养其懂得感恩和珍惜的心态，比如告诉孩子学校提供的优良环境、老师的辛勤付出、同学的友好善良都值得感恩和珍惜。家长从心里感激学校和老师，引导孩子喜欢学习，喜欢老师，乐于融入班级，孩子也会开心地上学，享受学校的氛围。记得女儿的高中班主任，就特别会鼓励学生，班里的学生都很喜欢这个老师。我印象最深的一点就是这个老师不夸谁聪明，而是夸谁努力。这样就给学生们营造了你努力我比你更努力的学习氛围。家长可以借鉴这种夸奖方式，随着孩子的长大，应该更多地看到孩子的努力和付出，并真诚地夸赞他努力的样子！

第三种心态：养育孩子要学会放手，让他自己多经历多担当。

在对孩子的教育上，大多数家长是对孩子的管教偏多。家长应该学习适当放手。

女儿两岁的时候，走路还不是很稳，她看到我下班回来，高兴地边喊着“妈妈”边张开双臂挥舞着冲向我，突然就摔倒了。“没关系，宝贝，自己爬起来”，我迎着她过去顺势扶她站起来，把她抱在了怀里，她在我怀里高兴地笑了，完全不像刚刚摔过一跤。她刚学习自己吃饭的时候，站在椅子上才能够着桌子，一碗饭，掉到桌上、衣服上的饭粒比吃进去得还多。但看着她吃得乐此不疲，我就让她自己吃，也不过就是吃饭时间长点，多擦擦桌子，多扫扫地，多洗一件衣服而已。

当家长送孩子去幼儿园时，把孩子交给老师后就果断离开，不要迟疑。你的行为会给孩子一种暗示：你对他是放心的，这样孩子就对自己也有了信心，很容易融入幼儿园的生活。这种孩子老师也喜欢。家长一放手，孩子就会自己去做，一旦离开家长就能很快适应。

女儿高高兴兴入了小学，每天自己抄作业、写作业，自己找爸爸妈妈听写签字，自己收拾书包。我也相信她自己能做好，她也养成了对自己学习负责的习惯。小学六年级，她到离家比较远的学校上学。奶奶岁数大了，不能接送；爸爸妈妈要上班，也不能接送。小小的她挂上了公交月票，开始自己坐公交车上下学。她和我说，看公交车上的广告就知道是几点了。

初中 3 年她骑单车上下学，不论刮风下雨、严冬酷暑。记得初一那年冬天，雪下得特别大，地面上的雪都被车轧实了，特别滑，我让她坐公交车。她安慰我：妈妈放心，我骑车技术比你好！我知道应该放手，可其实一直很担心。她初中3年都是自己骑单车上下学，一直到现在都是让我很佩服的一件事。(上了清华，骑单车可是必备技能啊！)

高中要去衡中？女儿从来没有单独出过远门，能适应衡中住校的生活吗？衡中“大神”云集，去那儿受了打击怎么办？我把这些担心埋在心底，佯装坚强地送她去了衡中。有一种冷，叫妈妈觉得我冷；有一种不适应，是妈妈觉得我不适应。每次听着电话里的她高高兴兴的声音，我还担心什么呢？是她用行动给了我勇气，我才适应了她不在家的日子。她选择生物奥赛，高考课又不能丢下，要比别人多学一倍以上的知识量，没有寒暑假，半年回不了一次家。我都没敢问，是三姨问她：“学奥赛累吗？”她回答：“挺好玩儿的。”听到这，我释然了。事实证明，她的选择是对的，最终她不辱使命，经过了联赛和国赛，进入国家集训队，并保送清华大学。知道成绩的那一刻，我竟然平静了下来，这个成绩不负她的努力，是她应得的。

家长们都知道为孩子做得越多，孩子自己做得就越少。但要放手，哪有那么容易？我在孩子面前是坚定的，但背对她时，我的心里哪能不痛？这种痛，就当作是对自己的锻炼和考验吧。

希望家长们从以上3点出发调整好自己的心态，要感谢命运赐予我们一个健康的孩子，找到孩子的闪光点，该放手时就放手。家长的心态就是孩子成长的大环境，让我们心平气和地去管教孩子，必会事半功倍。

作者简介：李秀青，女，工程师。女儿高中毕业于衡水第一中学，现为清华大学2020级协和临床八年专业学生。

给孩子插上飞翔的翅膀

郭翠楣

岁月不居，时节如流。儿子出生时的第一声啼哭似乎还在耳畔回响，转瞬已成翩翩少年，坐在了清华大学的教室里。亲友问我是如何把孩子送进清华的，我总是回答绝无秘诀、纯属偶然。但静下心来想一想，凡事都是偶然之中有必然，正是因为在陪伴孩子成长的过程中做对了某些事情，才让这一切变得自然而然、水到渠成。

兴趣是最大的动力

每个人都喜欢做自己感兴趣的事情，而兴趣是可以培养的。儿子之所以喜欢读书学习，与家庭环境密不可分。他爸年轻时酷爱读书，在家时常手不释卷。他从小在读书学习的氛围中受熏陶，书成了他最好的玩具。加上小孩子很喜欢模仿大人的行为，所以他自然而然就爱上了书。节假日我们常带他到书店或图书馆玩耍，遇到喜欢的书就帮他买（借）回来。起初我们并不太在意他喜欢哪一类的书，觉得只要他对书感兴趣就好，毕竟开卷有益嘛！随着年龄增长，他的阅读范围越来越广泛。

不少家长通过教孩子背古诗培养文学兴趣，我们也这样做过。孩子一般不排斥背古诗，甭管能否理解诗意，只要愿意背就让他背，勤夸奖多鼓励，一有机会就让他在亲友面前表现一下。儿时背熟的东西往往会记一辈子，终身受益。睡前讲故事也是个不错的方式，家长可以精选一些有“营养”的故事，每天晚上讲给孩子听。我们给儿子讲故事时经常是有意识地拿着书讲，指着书中的图文给他看，让他明白故事就在书里，慢慢过渡到让他自己看书，从看图画到看文字。这样做的目的也是培养他读书学习的兴趣。

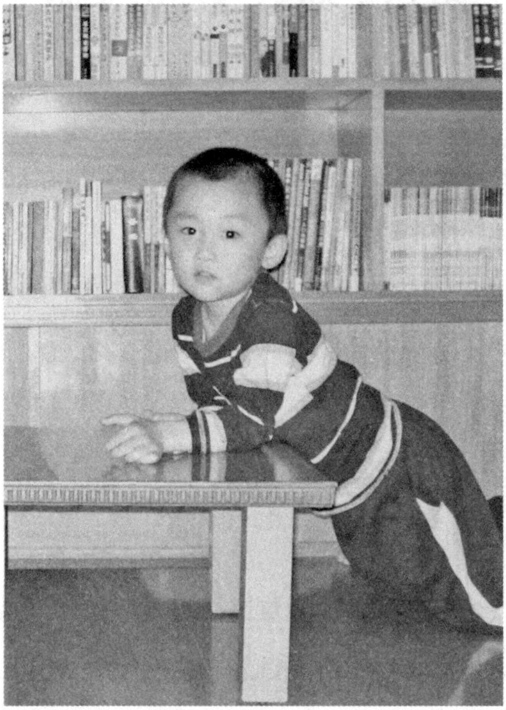

某些偶然因素也会激发孩子的兴趣。上幼儿园时，他叔叔买了中国地图和世界地图打算挂在办公室，后来发现没有合适的地方挂，就把地图送给了他。我把地图挂在他的房间里，经常教他看地图，讲一些与各地有关的人和事，他慢慢就喜欢上了地理。上小学时，他爸买了一套《明朝那些事儿》自己看，他顺手抓了一本翻阅，竟然爱不释手。后来他去书店买了青少版的《三国演义》，稍微年长时又去买《汉书》《三国志》之类真正的史书，之后又买近现代的。高一下学期期末考试，他的历史成绩是年级第 1 名，地理成绩是第 4 名。虽然高二选择了读理科，大学学工科，但他至今对历史、地理兴趣不减。

好习惯成就美好人生

古罗马诗人奥维德说过，“没有什么比习惯的力量更强大”，我国也有“三岁看大、七岁看老”的谚语，著名教育家叶圣陶说，“积千累万，不如养个好习惯”。从小养成的习惯影响人的一生，对孩子的教育自然要从培养好习惯入手，而且要从娃娃抓起。

婴幼儿时期主要是培养生活习惯，小学一年级则是培养良好的学习习惯的关键阶段。我正是在这个阶段帮助他养成了良好的学习习惯，后来一路走来都非常省心。从入学开始，我就要求他每天下午放学回家后，把写作业视为首要任务。写作业前先解决一下生理问题，比如上个厕所，根据需要喝点水、吃点水果点心，然后开始写作业，完成作业之后才能做其他事情。我要求他写作业时必须集中精力、专心致志、一气呵成，一旦开始写作业了就不能再离开座位去做任何事情，不能吃东西、喝水、上厕所，更不能一边写作业一边玩儿玩具、听音乐、看电视等，我也绝不轻易去打扰他。由于养成了良好的学习习惯，他写作业效率很高，晚上不仅从来不需要熬夜，还能剩下一些时间做自己喜欢的事情。初三时的一次家长会上，很多家长说自己的孩子写作业磨磨蹭蹭，每天拖到半夜还写不完，而他一般是 10 点钟就上床睡觉了。

培养孩子勤于思考和独立解决问题的习惯。每当看到儿子遇到不会做的题目，我和他爸也曾有过帮一帮的冲动，但最终还是选择了克制。孩子写作业时家长不应该主动去帮助，即使是小学刚入学，也只能帮他念题目要求，不能直接告诉他答案是什么、应该怎么做，要让他自己动脑思考、自己解决问题，否则孩子容易养成依赖父母而不主动思考的坏习惯。家长越“勤快”孩子越懒惰。家长最好不要亲自辅导孩子写作业，因为你教给他的解题思路和方法不一定是他那个阶段要求学习掌握的，你也很难一路跟踪辅导到高三。家长辅导时往往缺乏耐心，容易说出挫伤孩子自信心的话。家长最好不要帮孩子检查和订正作业。儿子读小学时，我和他爸工作都很忙，很少有时间检查他的作业。有次家长会上，老师展示了同学们的一些优秀作业，我让他向那些同学学习。没想到他却说："那几位同学的作业每天都是经过家长检查订正的，考试时家长还能去帮助检查订正吗？所以他们的成绩并不是最好的。我虽然偶尔出错，老师给打个大红叉，但讲评的时候我会认真听，考试时就不会错了。"我觉得他讲得有道理，此后更加"理所当然"地不检查他的作业，即使偶尔翻一下发现有错误也不直接指出来，只是提醒他再仔细检查。

天才也要靠培养

大家小时候都学过课文《伤仲永》，文中故事说明即使天赋异禀，若无后天培养，最终也将"泯然众人"。相反，资质一般之人，通过精心培养却有机会变得出类拔萃。我儿子算不上天资聪颖，当年我和他爸花了很长时间费尽心机才让他搞明白"你、我、他"和数字、方位等基本概念，掌握这些东西似乎比别的孩子要晚一些。但我们始终相信智力可以开发，能力可以培养，通过努力可以让他变得越来越优秀。

家长要培养孩子的思维能力。孩子的智商和潜能绝对超出大人的想象，五六岁的孩子就能理解和解决比较复杂的问题。很多传统的经典数学、物理游戏有助于开发智力，锻炼和提高孩子的思维能力。儿子四五岁时，我们就用做游戏的形式，跟他一起研究方桌砍掉一个角能变成几个角、绳子剪N刀变成几段等问题，再到顾客使用假币造成店主多少损失、时钟的指针何时相遇等问题。小学三年级前，儿子已经掌握了鸡兔同笼、青蛙爬井、流水行船等许多经典问题的解答方法。五年级时，他参加数学思维能力竞赛获得全校第1名，进一步提高了他的学习兴趣和自信心。中学时，他参加数学、物理、生物学科竞赛，均获得过市一等奖。

写作能力的培养也很重要，将来无论从事什么工作都离不开语言表达。儿子二年级开始学写日记，从夹杂着拼音写一两句话开始，慢慢越写越长。当时厦门网有个“文明小博客”专栏，为了让其有成就感，我帮他开了博，经常得到网友的鼓励。这件事他坚持了数年，日积月累，每天进步一点点，收获很大。此外，市图书馆每逢周末都有公益讲座，内容十分丰富，包括写作知识讲座等，遇到合适的主题我们就会带他去听。

为了全方位培养孩子的能力，我们常带他走出家门观察感受各种事物，丰富知识。如双休日带他去植物园、博物馆、科技馆、规划馆等参观，长假有时会带他到外地游玩三五天，增长其见识、开阔其视野。平时在家有空时，他很爱看《我爱发明》《是真的吗》《中国诗词大会》《一站到底》等节目，这提高了他的想象力和创造力，拓宽了知识面。他在初中和高中时曾经过层层筛选，代表学校参加电视台智力比拼类节目并获佳绩。

除了学习方面的能力，家长还要重视孩子意志品质和生活能力方面的培养。比如贪玩是孩子的天性，而电子游戏又具有巨大的吸引力。我们从孩子小的时候就限制他看电视和玩儿手机、电脑的时长，避免让他沉迷其中。孩子逐渐形成了自制力，玩儿一会儿自己就会主动停下来，没有影响到学习。在生活方面，我们坚持该放手时就果断放手，让他及早学习生存技能，独立完成力所能及的事情。中学期间，无论他是在学校住读还是寒暑假自己在家，洗衣、做饭等生活问题从来不用我们操心。

爱的甘泉滋润心田

和谐轻松的家庭氛围，有助于孩子的情绪稳定和健康成长。他爸脾气心态都比较好，很少跟我吵架，更不会对他发火。即使在儿子犯错的时候我们也尽力保持冷静克制，总是循循善诱地讲道理，从没打骂体罚过，也很少居高临下地命令他“你要给我如何如何”，而是像朋友一样倾听其想法，尊重其意见，信任其能力，与其平等对话，通过沟通交流因势利导。

当然，我们爱孩子不是溺爱，做错了事也会批评纠正，不合理的要求绝不毫无原则地给予满足。

有人说好孩子都是夸出来的，我觉得有一定道理。哪个孩子不喜欢被大人关注和夸奖呢？经常表扬鼓励有助于孩子肯定自我，提升自信心，增强克服困难的勇气。当我发现儿子的优点和进步时，会及时给予肯定。让他学东西也是先从简单的学起，通过鼓励建立自信心，然后再循序渐进。我永远不说自己的孩子笨，考试没考好是因为不够努力，某道题做错了是因为不够细心，不会做是因为没有认真思考。我也永远不会拿自己的孩子与“别人家的孩子”做比较，只跟自己比，有进步就表扬。

常言道“身教重于言传”，父母是孩子的第一任老师。孩子就是家里的一面镜子，父母的一言一行他都会看在眼里，记在心里，而且会有样学样。想要什么样的孩子你就先把自己变成那个样子，要求孩子做到的家长要带头做到，要求孩子不做的家长坚决不做。家长要认真对待每一件事，让孩子看到父母每天为工作和生活拼搏奋斗，同时要努力克服自身的不良行为和坏习惯。我们夫妻俩都是从农村走出来的，父母努力的样子潜移默化、润物无声地影响着儿子。

我觉得，家长育儿的同时也是在育己，家庭教育很重要的一个方面是父母的自我成长。教育子女是父母的终身职业，努力工作是为国家为社会做贡献，把子女培养成有用之材也是为国家为社会做贡献，而不仅仅是尽到家庭责任。家长这个职业永不退休，即便是你把孩子送进了清华也只是一个新的起点，而不是终点。愿我们每位家长都能保持终身学习的态度，不断完善自己，为教育子女这一光荣的事业继续奋斗，与孩子共同成长。

作者简介：郭翠楣，女，国企职工。儿子高中毕业于福建省厦门市双十中学，现为清华大学 2019 级工业工程专业学生。

让孩子成为更好的自己

张千红

托尔斯泰说过：幸福的家庭个个相似。这句话用在教育上可以改为：优秀的孩子个个相似。在我认识的优秀的孩子身上，大都具有聪明、勤奋、自律、自信、积极进取等特质，同时社会支持系统良好。我的女儿也不例外。从小到大，她一直乐观开朗、独立自信、成绩优异、多才多艺，并于 2020 年顺利考入清华大学。回顾女儿的成长历程，她取得的成绩足以让我感到骄傲，但更让我引以为傲的是她良好的心态，是无论面对顺境还是逆境时都能很好自处的能力。正是这些，使她在高中 3 年的紧张学习中依然怡然自得，在取得成功时不骄狂，继续追逐下一个目标；在经历失败时不迷茫，能够看清前行的方向。

在教育孩子的过程中，我一直秉持的理念就是：让孩子成为更好的自己。因为孩子不是家长的附庸，不是父母的复制品，更不是光宗耀祖的工具，孩子只是她自己，是一个独立的个体，家长的责任就是帮助孩子成为更好的自己。

营造爱与尊重的家庭氛围
——使家成为孩子心灵栖息的港湾

家庭是孩子的第一所学校，父母是孩子的第一任老师。从心理学的角度来讲，孩子来到这个世界上，最初是极其弱小的，没有任何能力应对环境，甚至不能保证自己的生存，是父母给了他们最初的支持与帮助。这种支持和帮助必须是顺应孩子成长要求的，具体而言就是充分尊重孩子的自主性，在他们不能完成的活动中提供帮助，而在他们自己能够独立完成的活动中适时后退，并给予他们试错的机会：当他们失败时宽容地抱持；当他们成功时热情地鼓励。这样，在父母的影响下，那个小小的她/他就产生对这个世界初步的信任感，而父母、家庭成为他们的安全港湾、心理基地，他们的信心、创造力，他们所有的力量都来源于此。他们可以从这个安全基地出发，积极地去探索，去创造，而不必担心被责骂或嘲笑。

女儿的出生赋予了我新的身份——母亲。在相处的过程中，我对她的需求时刻保持敏感，每一个小小的变化都细心捕捉。半岁之后，孩子自主性凸显，她会自己试图抓取物品，自己尝试吃东西，尽管很多时候不成功，我还是会给她提供机会，并鼓励她去完成。再大一些时，她会要求自己穿衣、吃饭，帮助家长做家务，更大范围内探究周围的环境等等，我都会一一满足，同时给她一些指导和帮助。上学之后，从课外书的选择、兴趣班的取舍，到是否跳级、小升初择校，再到上高中后新高考的选科、物理竞赛与课内学习的抉择、高考志愿的填报，我都充分尊重女儿的意愿，同时为她提供充足的信息和自己的建议，让她在全面了解各种可能性后做出最适合自己的选择，并使她相信：无论她的选择是什么，我都会无条件地支持她。在这种宽容、自由、支持的环境中，孩子的心灵是丰盈的，充满了向上生长的积极能量，既敢于追求成功，也不惧怕失败。

眼望星空，脚踏实地
——培养孩子高远的眼界和格局

所谓“眼望星空”，是指一个人要有大的胸怀和格局，眼里要有星辰大海，不能只局限于眼前的琐碎。人的一生总会碰到这样那样的成功或失败，只有建立大的格局，不仅仅着眼于当下，才会宠辱不惊，云淡风轻。一次成败不代表一切，很多事情当我们站在更高的角度去看，其实都不算什么了。“脚踏实地”则是说做事情要认真、踏实，力求做到最好。一方面，有更高的眼界，更大的格局；另一方面，又能踏踏实实去做事，这样才会从容不迫，游刃有余。

女儿小时候，我常常带她回农村老家，晚上在院子里玩耍时，女儿对澄澈的星空非常着迷，这在城市里是看不到的。我一边给她讲星座的故事，一边启发她：“你看那些星星小不小啊？”“小。”女儿回答。“它们只是看起来小小的，其实呢，有些跟我们的地球差不多大，还有一些比地球还要大。一个地球上有几十亿人，而天上像地球一样的星星数也数不清。所以，我们人类是非常渺小的，在茫茫宇宙中就像一粒尘埃。我们的每一天，经历的每一件事都算不上什么，因为它们比一粒尘埃还要渺小。虽然我们很渺小，但我们每个人都有自己的价值和存在的意义，我们一定要努力去拼搏，过快乐而又有意义的生活。”女儿似懂非懂地点点头。

每当孩子获得成功或遭遇失败时，我都会提醒她想想“宇宙与尘埃”的故事，她就释然了。记得高中第一次大考，女儿说：“不就是一次期末考试吗？一次考试决定不了高考，更决定不了我的未来！”我知道，她其实还是有压力的，她想通过这种方式释放内心的压力，给自己信心。于是我对她说："就是，你有这样的胸怀和格局太了不起了！这不过是一次考试而已，高中会有无数次这样的考试呢，一生中的考试就更多了。一件事情当你正在经历的时候，可能觉得比天还大，但当它过去了，或者当你走出来站在更高的视角去看时，就会觉得没什么了。"女儿逐渐明白了：当一个人心中有大海时，就不会因一滴水而患得患失；当我们眼中有漫天星斗时，就不会因一盏灯而怨天尤人。

建立合理期望值
——激发孩子奋进的潜能

期望值是家长对子女未来发展可能性的一种预期。合理的期望值对孩子会起到一种激励、鼓舞作用，可以使其将外在要求变为自身内在的动力，激发其潜能。不合理的期望值则会打击孩子自信，使其丧失信心，自暴自弃。当今社会，竞争越来越激烈，家长对子女的教育也越来越重视，对其寄予的期望值也越来越高，"望子成龙""望女成凤""不要让孩子输在起跑线上"成为当前很多家长的心声。过高的期望值，使孩子饱受压力，即使付出全部的努力仍然无法达到家长的要求，赢得家长的认可。长此以往，孩子就会产生习得性无助，逐渐对学习丧失兴趣，在学习上变得懈怠、退缩，放弃努力，甚至厌学、逃学。作为家长，我们应该意识到，并不是每个孩子都能"成龙成凤"，因为每个孩子都有发展的上限，我们要做的是在这个限度内帮助孩子做到最好。

从小我对孩子的要求是在自己的能力范围内，凡事尽力去做，努力过了，不留遗憾就好。因为在过程中努力了，结果是水到渠成的事情。每次考试，我会让她根据自己的实际情况确定合理的目标，这个目标是她经过一定努力才可能实现的，即"跳一跳，摘到桃子"。这样，既避免了因目标太高而一直"学而不得"，也避免了因要求太低而没有意义。同时，引导她对考试结果进行正确归因：目标实现是因为自己努力了，下次不努力就可能失败；如果失败了，就寻找原因，对症下药，做出改变，下次就可能成功。这样，每次目标的实现是对她努力的正强化，会激励她去追求更大的目标。

道阻且长，行则将至
——培养孩子坚韧不拔的精神

任何目标的实现都不是一蹴而就、一帆风顺的，需要有坚韧不拔的精神和毅力。从小我就教育女儿做事要有坚持性。5 岁时，女儿提出想学钢琴，我先带她到琴行试了几次，确定真的喜欢之后，我给她买了一架钢琴。初学时，内容较为简单，觉得弹琴新鲜，她能很好地坚持。大概半年后，难度加大，最初的新鲜感也消失了，她开始表现出懈怠，练琴时也拖拖拉拉。我告诉她：学琴是自己选择的，既然选择了，就要坚持到底。如果做事情遇到困难就退缩，那将一事无成。为了督促她练琴，我跟她一起学，比赛看谁学得快；每当学会一首曲子，我就邀请亲朋或同学来欣赏，从而提高了她练琴的积极性。就这样，她弹琴坚持了 10 年，不仅考过了十级，而且成为她学习之余最喜欢的事情。每当谈起这段经历，女儿都会由衷地说："妈妈，谢谢你让我坚持下来。"后来，这种坚持性也迁移到学习中，每当在学习中遇到困难时，她从不会轻易放弃，而是坚持，再坚持。

读万卷书，行万里路
——让孩子在知行合一中丰富生命体验

我一直认为，使人成长的基本途径有两个：一个是读万卷书，一个是行万里路。理论与实践结合，才会使人真正地理解知识，并转化为素养。读书可以净化人的心灵，丰富人的思想，增加生命的厚度和宽度。在书中，我们可以与不同的人对话，可以体验不一样的人生。行路则是从实践层面加深个体的感受和体验，使人生更有意义。

从女儿两岁起，我就引导她阅读，最开始是画报、绘本，然后是拼音读物，再到无拼音的书籍，内容包罗万象：文学类、自然科学类、历史类、时政类……通过广泛的阅读，她积累了大量的知识，开阔了眼界。同时，课外阅读的知识储备也成为课内学习强有力的背景支撑，使课内学习更加轻松自如。每当节假日，我都会带女儿走出家门，亲近大自然，遍访名山大川，感受不同国家、不同地域的风土人情。这些经历看似无形，其实早已悄无声息地融入生命中，使得女儿的生命体验更加鲜活而又美好。

纪伯伦在《致孩子》中说过："你的孩子，其实不是你的孩子，他们是生命对于自身渴望而诞生的孩子。他们借助你来到这个世界，却非因你而来。他们在你身旁，却并不属于你。"为人父母，我们只是孩子生命历程中的同行者，陪伴者。孩子永远应该是自由的、独立的，我们应该给予的是爱与尊重，从而让他们成为更好的自己。

作者简介：张干红，女，大学教师。女儿高中毕业于山东省实验中学，现为清华大学2020级数理基础科学＋电气工程及其自动化专业学生。

预备跑

用孩子们喜欢的方式有质量的爱

在平凡的小日子里，打捞闪亮和美好

家长和孩子

洪占岁

提到教育孩子，作为家长的我感觉真的很惭愧，孩子一路走来，我对他的成长都没有太多的关爱。儿子于 2000 年 3 月出生在安徽农村的一个小村庄，当时家里经营着游戏厅和网吧，他就是在这种环境下成长的。键盘上的拼音字母就是他的启蒙老师。万幸的是他没有迷恋游戏，有次我从外面回来，看他在认真地看着电脑，我以为他在打游戏，就悄悄地走到他身后，结果发现他正在看历史人物故事。我就故意问了句："旁边的人都在打游戏，你怎么不玩儿?"他回答了一句我都没有想到的话："那些游戏都是弱智游戏。"

儿子上学前，我做农活儿的时候，他也经常跟着我下地。有次在田里我对他说："你看我天天干活儿很累的，家里不富裕，没有人脉，更没有好的背景去改变你的人生，你的人生要想摆脱现在的生活状态，读书就是你最好的捷径。"

儿子 4 岁半上了学前班（因为学校名额没收齐，所以破例收学前班凑人数）。在学校，孩子很听老师的话，老师安排的作业到家都能第一时间完成。我也时常告诉他上课一定认真听讲，不然课下你自己会费好多时间才能学会。他自己也很用功，学前班毕业时以全班最好的成绩上了一年级。

儿子在农村老家上到二年级，成绩一直特别优秀。眼看升三年级了，当时农村学校却没有英语这门课程。看到孩子这么爱学习，我就想不能因为英语课缺失影响了他以后的学习和发展，就托关系把他转入到了市区的一所学校（进那所学校是要考试的）。我们住的农村离市里学校有 15 公里路程，公交车只到离家 2 公里路的村庄。头几天我都是把他送到学校门口，但送了3次他就对我说老师不让送，要求自己上学，他自己可以去。后来我就每天早上5点多起床骑电瓶车送他到2公里外的公交站，然后他自己坐50分钟公交车去学校，中午吃学校小饭桌，晚上再自己坐公交回来，我再去公交站接他。

在转入市区上小学的这3年里孩子确实受了很多苦，我记得很清楚的有两次，现在想起来都让我心里特别难受。一次是秋天的一个早上，和往常一样吃过早饭准备送他出门，这时天下起了雨，我说："咱俩等雨停了再走吧。"他很果断地回答我："不能迟到。"看着他哀求的眼神，我们爷俩穿着雨衣冒雨出门了，到了车站雨也停了，他上车时两个裤腿下半截都湿了，我问他可凉？他回答句没事就匆忙上车走了。还有一次是冬天，放学时下了很大的雪，我很早就去车站等，由于时间还早，又下着雪，我就到旁边的超市里避雪。那天他回来的比平时早了半个小时，下车没有看见我，就自己冒着雪往家走。我感觉该回来了却没见到他，就问公交车司机，说他已经下车走了。我赶忙去追儿子，他都走了一半路程，我到他跟前喊住了他，只见他满头都是雪花，脸冻得通红。他回头看了看我，眼眶红了，泪珠快掉下来了，我心里也酸酸的。

时间过得很快，就这样度过了小学阶段，小升初考试时他以全校第一的成绩考上了学校对口的初中。初中3年也是这样往返坐公交，他大了些我也放心多了。初中3年，他的学习成绩也是全校靠前（没有上过补习班），老师、同学的关系相处得都很融洽。初二下学期因为急性阑尾炎手术住了十几天院，后来中考以全市第5名成绩考入市里最好的高中实验班。

高中时，孩子住校不用每天来回跑，我和他都轻松了很多。高一他给自己定的目标是全校前20名（我偷偷看到了日记，不鼓励家长这么做哈），结果上半学期是第11名，下半学期是第5名，他实现了自己定下的目标。高二基本保持年级前三，高一、高二他还参加了多科竞赛并获奖，其中生物省级一等奖，数学省级二等奖，化学省级二等奖，作文、外语也都获过奖。由于高中都是住校，他的学习只能靠自己，我也过问不了。高三上学期，他在学校运动会上因为跑步过猛跌倒把左手腕跌骨折了，送去医院打过石膏，拿了止疼消炎药他就要求直接回校了。他通过自己的努力以及学校的推荐，高二参加了清华大学的暑假夏令营，高考后顺利进入他向往已久的学校——清华大学！儿子的一路艰辛，我看在眼里，疼在心里。

孩子一路成长都很懂事，我也从来没有打过他（孩子不是打的哦），错了就教导他，他也都能记在心里并及时改正。我从来没有去要求他怎么样，不管每次考试还是学校其他活动比赛，我都是说身体健康、平安成长就好了，不需要你能得第一第二，顺其自然即可。由于儿子从小就自律、努力，且能吃苦，所以他的成绩一直都很好。

作为家长，教育孩子时，不用要求他们考试必须达到一定的名次，能让孩子过得开心没压力，引导他们健康成长就是成功的，不管孩子未来走到哪里，永远是父母心中的宝，能做到随遇而安就好。

作者简介：洪占岁，男，农民。儿子高中毕业于蚌埠市第二中学，2017 年考入清华大学医学实验班。

我是如何培养孩子的
——在未来的抉择中多一个选项

李凤娥

孩子的教育是每个家庭绕不开的话题，培养孩子也必然成为每一个家长的必修课。

女儿如愿被清华大学录取，我和她爸真替她感到高兴。看着她信心满满地寻找着自己的未来，我们深深感到再多的付出都是值得的！

2020年的两个时间节点，我记忆尤其深刻。3月16日，是清华大学艺术特长生招考公布结果的日子，我们迫不及待地打开页面，手几乎都在颤抖。“祝贺你获得认定资格”几个字映入眼帘！在大脑几乎还眩晕的状态下，我迫不及待地给因为疫情在家中备考的女儿打电话，竟然只是听到“哦，知道了”几个字，淡然而又冷静的回答着实出乎我们的预料；7月25日，是山西省高考分数查询的日子，高考结束后，孩子一直纠结文综有几道选择题做错了，虽然平常仍是有说有笑，但我们看得出她的忐忑与焦虑，可是我们始终坚信天道酬勤！凌晨3点半左右，成绩终于出来了！我们看到了她如释重负的笑容，然而并没有抖音上的那种一家人相拥喜极而泣的画面。后来我和女儿提及那晚得知成绩时为什么没有传说中的兴奋，她是这样回答的：“这就是我一直想要的结果，只不过它实现了而已。”

坚持与执着，不一样的艺特之路

在孩子的兴趣培养上，父母的选择起着决定性的作用。4岁之前我观察过孩子，发现她喜欢跟着音乐有节奏地“运动”，听到伤感的音乐她会情绪斗转“哇”地哭起来，而且唱歌从不走调，综合考量下来我觉得她比较适合学门乐器。我也立说立行，有想法就要付诸行动，于是开始找老师，女儿从此开始了漫漫学琴之路。最初的想法就是培养她一个特长，也没有想到，自从第一次拿起小提琴她就再也没有放下。当地的教学资源并不丰富，我们家境也不富裕，但在孩子的培养上我们全家的想法却十分一致，那就是尽全力而为。在这里我要说家长一定要有高度，站得高，看得远。4 岁的孩子学小提琴在很多人的眼里是不现实的，你经常会听到“这么小能学成个什么”，“让孩子玩儿吧”等反驳你的言论。我是个“执着”的人，一旦决定的事情是不会轻易地改变的，因为我的每一个决定都是经过认真思考的。

“要么不做，要做就一定用心，竭尽全力做到更好。”这是我给孩子灌输的一个生活理念。兴趣是需要鼓励和呵护的，每一个孩子都有表现的欲望。初学小提琴，有过接触的朋友们应该知道它的声音并不悦耳，甚至用“有点刺耳”形容都不为过。每次女儿拉琴时，我和她爸都会放下手头的事情坐下来认真地“欣赏”，给她掌声，让孩子感受到自己的进步。在学琴过程中，老师会表扬她的进步，哪怕只是一点点，我也每一次都会把这一点点进步放大，或是买个小礼物，或是买个好吃的来鼓励她，让她潜意识里就有“付出就会有收获的喜悦感”。老师偶尔也会不客气地指出她的音准问题，对于“追求完美”的她来说就是犯了极大的错误，课后眼泪哗哗地流，哭得泣不成声。这个时候我仍然会买好吃的奖励她，告诉她：“不要难过呀，老师指出问题是好事，说明我们就要进步了，为什么还要伤心呢?”女儿那时虽小，但似乎觉得有道理，稚嫩的小手便会擦去眼泪，在家练习时会更用心，因为她想进步。事物都有两面性，不同的处理方式会带来两种截然不同的结果。

当然，在学琴的过程中家长的陪伴不可或缺。一开始很少会有孩子因为喜欢而去学习，不厌恶已经是很好的了。这个时候家长的陪伴至关重要！我不会像有的家长认为把孩子送到老师那里就觉得万事大吉，自己就去逛街遛商场了，我会安静地坐在不影响她的旁边录像，同时认真地记录老师提出的问题，和女儿一样仔细听老师的示范演奏，从旁观者的角度来体会老师示范演奏想要传达的那种感觉。这个过程并不枯燥，我也乐在其中。

她8岁那年，我陪她到太原参加小提琴比赛，那是她第一次登上了那么大的舞台，并且夺得了小童组的第1名！我还担心她得到那么多老师的赞扬与鼓励会飘飘然，没想到在吃饭时她说："妈妈我不会骄傲的，回家继续练！"这超出了许多同龄孩子的理智与清醒，着实惊到了我。

女儿的学习成绩一直都很好，我认为可能得益于练习小提琴。练琴时能静下来，站得住，学习时才能坐下来，沉下心。随着学业的增加，身边学琴的孩子们都陆陆续续地停下了脚步。我一直不断地问自己：继续学琴会不会影响她的学习呢，特别是在争分夺秒的高中阶段。放弃其实很简单，父母轻松，孩子乐意，但我想如果我们能合理地安排时间，怎知鱼与熊掌不可兼得呢？时间只要挤肯定会有的。高中3年我让女儿利用中午回家等饭的时间，我称之为"垃圾时间"，继续练琴，也算是一种生活调剂吧。

在女儿高一下学期的时候，我才得知一流大学都有高水平艺术团的事情，随后我和她有过一次重要的交流，并做了一次清晰的定位。凭着她目前的学习成绩，完全有实力进入好的大学，但如果想进入像清华那样的一流大学，还没有足够的底气，如果走艺术特长生之路，必然能助力自己完成梦想，锦上添花！目标已然锁定，坚持就是胜利！

选择比努力更重要

在面对重大选择时，孩子的兴趣选择和家长的理性分析二者缺一不可。文理分科就应该算是女儿人生第一次自主的选择。前期的几次考试，她各门课的成绩没有明显的偏颇差异，当时老师们极力推荐学习理科，可以说女儿在初中时就有了较为明确的定位，学文是兴趣所致！然而毕竟是孩子，虽然心有所属，但她对自己的选择还是有所顾忌，周围的同学朋友们无一例外地用难以置信的语气不止一次地问道：“你怎么选文？文科大学少，专业也不好选，就业也难……”女儿会疑惑：这样做到底对不对？我尊重她的选择，当然绝不是盲从。人生不管是哪一个阶段，做自己喜欢做的事情，始终是一种幸福。同时，我也根据她的情况进行过理性分析，选文一定是一次明智的选择！优秀的学生大多会按常理出牌选择理科，而女儿在文理均有优势的情况下，依靠兴趣选择文科，无形之中减少了竞争对手，与千军万马过独木桥的优秀理科生们“分道扬镳”，走自己的“阳光大道”岂不乐哉？这样的分析给孩子吃了“定心丸”，当有的同学和家长还在文理选择上犹豫不决的时候，女儿已经锁定目标大步向前冲了！

我缺乏自信，深知不自信会限制一个人的思维，拘束人的发展，所以我的孩子一定要是自信的！“你能行，你可以的！相信自己！”这是我常挂嘴边的话。我从来不吝啬对女儿的赞美，也就是大家认知的“赏识教育”吧。我常常听到有的家长当着孩子的面这样“谦虚”地表达：“我家孩子不行”，“你看人家某某多厉害，你看你”，“我家娃慢性子不如你家的”等等，我从不将她与别人比，从来不说类似这样子的话，我会很注意呵护孩子的自尊心。如果发现别人长于自己之处我会在和她独处时告诉她差距在哪里，鼓励她要是改进一下你就更完美！

我也不太爱看书，也体会到书到用时方恨少的苦涩，所以我会有意识地培养她的阅读能力和习惯。从她会说话开始，我就以做游戏的方式教她认字，多个时间段进行试验后发现晚上临睡前她的记忆力最好，早晨起床后我会佯装忘记昨晚学什么了，在众多卡片中仔细寻找，这个时候她会兴奋地拿起那张卡片交给我，孩子不但记住了这个字的声音，也记住了它的形状。就这样从认一个字开始到一个词再到一个句子，慢慢地她已经可以自主阅读了。

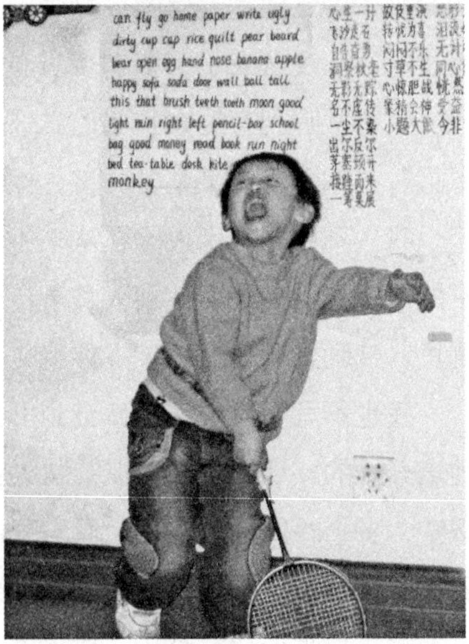

看到这里，会有人问：“你的孩子有时间玩儿吗？”回答是肯定的，当然有。她爸爸非常有耐心，陪玩儿的事就成了他的“任务”。陪玩儿也不是个容易活儿，需要有极大的耐心，更需要恰到好处的技巧！爸爸是个乒乓球爱好者，所以当女儿的头刚冒出球台时（这个球台是小区里搭的简易球台，比标准的略低一些），爸爸就带着她打球，虽没经过正规训练，但她的球技还可以。女儿略带一些男孩子的性格，喜欢在操场上踢足球，爸爸就带着她踢得大汗淋漓。中班时她就开始拿着折短柄的羽毛球拍在家里客厅和爸爸打羽毛球，玩儿跳棋、五子棋、象棋……小学开始学游泳，教练夸她悟性高，很快她就学会了四种泳姿。休息时，我们一家三口会去爬附近的卢医山，既交流了感情也锻炼了身体，站在卢医山的最高点俯视整个城市，只要眼里有美，处处皆是风景！

成绩不是生活的全部

高中这个时间段不论是对孩子还是对家长而言真的是一个极其难忘的过程，可以说喜怒哀乐尽在其中。

考入理想的大学就是孩子心中唯一清晰的目标，如何指导女儿正确面对压力、挫折和竞争，保持良好的心态，是在她的高中生活中我们一直要面对的问题。

首先，心理暗示很重要。大多数孩子面对考试时都会或多或少的有些压力，产生焦虑的情绪很正常，而且随着高考的临近，这种情绪会日益凸显，所以家长帮助孩子缓解这种焦虑情绪非常重要！

我们家从初中起就有了一个不是习惯的习惯，只要是考试，女儿在出发前我都会给她一个大大的拥抱，然后击掌鼓励："加油！宝宝是最棒的！"她爸爸也会发来一条鼓励的短信，简单、简短，都是满满的正能量！

现在来看这应该算是一种心理暗示法，是孩子非常渴望的走进考场前的一顿营养大餐！它真的可以缓解孩子的紧张情绪。

其次，有问题绝不放过。高二后半学期，她一直视为强项科目的数学几次考试都不理想，每次都说题不难，但成绩却总上不去，产生了一种难以驾驭的感觉，对她的信心是个不小的打击。

有时候选择题的前 5 道就会有 2 道出错，大家应该都知道前面的选择题是基础性的，相对比较简单，绝大多数同学不会做错，在大家都不会犯错的地方频频出错，这是非常危险的！大题计算会移错数字，三角形面积计算忘了乘以 1/2，草稿纸上写的 $a^2+b^2=c^2$，下一步计算却都没有平方……我是从来不会用“粗心”做总结的！

怎么办？为什么只有在考试时会暴露？好吧，找原因：考试紧张情绪影响的？我告诉女儿考试前做几个深呼吸，你难人亦难，你简人亦简，遇事要不慌。接下来的几次考试就锻炼这种心态，然而问题仍然出现！再找！草稿纸的问题：列草稿书写不能潦草，虽是草稿也要相对工整，便于发现问题。她真的也很配合，后几次练考中都有意识地在改，似乎有所缓解，但还是不能把控，“粗心”仍然存在。这是前所未有的危机。眼看着高三上学期都快结束了，问题仍没有解决！不到最后一刻绝不放弃！我想从“旁观者”的角度试着去寻找答案，决定亲自看看孩子的草稿纸，结果发现她在草稿纸上套公式时会省去一些计算步骤，就是省去的这一步导致计算错误。明白了，我认为问题就出在这里，女儿是急性子，在考场的紧张氛围下容易忽略细节，那咱们就来笨办法，平时做题草稿步骤一步不省，不口算、不省略，即使是 $1+1=2$ 也要写出来！正确的快速思维一定是从慢速的正确思维开始的，接下来就用几次考试来做试验！改了！真的有效！她的数学成绩终于又回到了该有的样子！所以说每一次考试都是一次尝试改进的机会，能正确处理问题，出问题就是好事！

最后，学习不是生活的全部。高三后期考试越来越密集，压力肯定越来越大。她成绩不理想时会哭得稀里哗啦，用女儿当时的感觉说就是前途渺茫，一切都是暗淡的。为了不让我看到，她有时躺在被窝里会小声抽泣。

心结总是要解开才能大步向前走，每到这时我和她爸就会带着她找个小餐馆打打牙祭，美食可以愉悦心情，回家路上我们再趁机交流下思想，最终的目的是告诉她学习不是你生活的全部，还有更多学习之外美的东西需要你去感受，只要努力了，奋斗了，结果随它去吧！

女儿真的是个很理性的人，她会努力去体会我们想表达的意思，也在全身心地感受生活的美好！就这样经过一次又一次的鼓励、一次又一次的打磨，终于在高考那天她以最佳的状态昂首阔步走进考场！

每个孩子都有其独特之处，培养孩子也没有现成的经验可以复制，家长需要去发现孩子身上最美的闪光点，帮助他们找到一条适合自己的路！

作者简介：李凤娥，女，职工。女儿高中毕业于山西省长治市第二中学，现为清华大学法学院2020级法学专业学生，清华大学交响乐团小提琴手。

家有男儿初长成

郑雪梅

不知不觉中，儿子已经是大二的学生了。虽然远离家乡北上求学快两年了，但每每想起他成长的每个瞬间，都仿佛发生在昨天一样，清晰地浮现在我的眼前。这些年来，与其说是陪伴他成长，不如说是与他共同经历了一次童年和少年，我也因此重拾了童年的乐趣。这期间虽然有养育过程的操劳与辛苦，但更多是收获了他成长的快乐与幸福！

儿子 3 岁那年，朋友送给他一套《少年儿童百科全书》。拿回家后，他就兴致勃勃地翻看起来。虽然很多字不认识，他还是经常翻开来看。到上小学时，居然看完了全套书。后来我问他："不认字怎么看的?"他回答说："上面不是有图片吗?"再后来，认字了，他又重新看了一遍又一遍，也许爱学习，爱科学的种子就是那时播下的，后来连老师都忍不住称赞他课外知识丰富。

小学时，我对他的体能没有太多的要求，他也很少参加体育锻炼，结果到了初中，体能不好，体育考试 1000 米项目老是不及格，让他有些气馁，产生了悲观情绪。我知道后，让他多练习，但他老是找各种理由推脱。后来他爸爸提出一家人一起去跑步，并带上秒表计时。第一次测试发现离达标还差很远，爸爸安慰说："不急，我们每次就跑一圈儿，达标后，再跑两圈儿，一步一步往上加。"就这样，在我们的陪伴下，初中毕业时他中考体育科目轻松拿到了满分 45 分。

现在回想起来，如果当时我们不陪他跑步，只是口头说说，他说不定就放弃了。很多父母希望把孩子送去最好的学校，接受最好的教育，拼尽全力给孩子创造最好的教育环境，却往往忽略了父母才是孩子最好的老师。对孩子来说最好的教育就是父母的言传身教，父母以身作则，陪伴孩子一起成长，何乐而不为呢。

小学阶段我们对他的学习要求比较高，抓得紧，所以他的基础打得比较牢固，到初中阶段他更加喜欢学习了。那时学校在晚上开设了培优班，占用的是放学后时间，但可以学到更多的知识，他也毫无怨言。爸爸还不辞劳苦，每天晚上去接他放学。记得有一次我们看到学校门口拉了一条横幅写着：祝贺某位学生考上著名的大学。他看到后，信誓旦旦地说："将来我的名字也要出现在上面！"看到他信心满满的样子，我们也非常高兴，及时鼓励他戒骄戒躁，更上一层楼。几年过后，他果然实现了他的诺言，一张写着他的名字的喜报挂在了学校大门口，而且时至今日那张喜报还挂在那里，激励着他的学弟学妹们努力学习。

2016 年夏天，他如愿考入了珠海市一中。刚进入一中时，他的压力较大，因为一中聚集了全珠海最优秀的学生。记忆深刻的一次是他跟我们说："为什么小学初中的学习那么轻松，高中学习那么难？""高中一学期的书已经超过初中三年的书！"我们安慰他，要相信自己的实力，不要想太多，尽快投入到学习中去。我们也相信，成长路上的困难与挫折，将使孩子更加的坚强。果然不出所料，他很快就适应了一中的学习生活，一中优秀的师资及浓厚的学习氛围让他也受益匪浅。

人生道路不可能总是一帆风顺，儿子在第一学期期末考试前的一个晚上，突然患上了急性阑尾炎。爸爸连夜把他送到医院，检查完后又做手术，还需要住院一周。当时停课一周对于他来说影响较大，导致他期末考试成绩没能进入年级前100名，错过了进尖子班的机会，只能被分到普通班。他有些失落，我们及时与他进行了深入的交流，把问题都梳理了一遍。告诉他，距离高考还有两年半，还有时间，平时要与尖子班同学看齐。我们和他一起根据他目前的基础，订立一个小目标，争取先进入年级前70名。这个目标不是太高，他也相信自己能行。高兴的是，他如愿达成了自己定下的目标，信心大涨，学习的劲头更足了。

俗话说，祸不单行，福无双至。在这人生关键的时刻又发生了一件意想不到的事情，孩子早恋了！虽然我们不赞成早恋，可是当它真的来了，我觉得我们还是得处理好这个难题，尽量不让早恋影响到他的学习。其实，随着社会的开放与发展，很多早熟学生在初中或高中时期就开始恋爱，家长们在对待孩子读书期间恋爱这件事情上那可是高度重视，不知道还好，知道了围追堵截那是少不了的，可结果呢？两败俱伤为多，无论是父母成功阻止了，还是孩子成功恋爱了，其结果都会伤了孩子或父母的心，严重的，在孩子的心里留下阴影，使孩子与父母产生了隔阂，再也无法愉快地相处了。

对于恋爱这件事，我们采取了宽容的态度，尊重儿子的选择。因为缘分这个东西是很难控制的。一方面，我们怕他因为感情影响学习；另一方面，更是担心他不能正确对待感情，做出一些错事。对于孩子恋爱这种事，我建议父母们还是以引导疏通为主，与孩子谈心。父母都是经历过爱情的过来人，完全可以变身恋爱导师，引导孩子如何应对恋情，让孩子相信并且崇拜你这恋爱高手，那事情就好办得多了，孩子也不用走弯路，用愉悦的心情投入到学习中去，说不定能将这种感情转变为学习的动力呢。

在我们的共同努力下，高一顺利解决了困扰他的两大问题。虽然高中

3 年，第一年就困难重重，但身为家长的我们并没有气馁，还是用无限的热情，信任自己的孩子，给他无限的动力。对于高中孩子的学习，作为父母已经无法再给予辅导了。因此，他在家的日子我们抓住机会就给他减压，让他放松。我们知道他高中学习任务重，聊天一般都是利用一起出去运动，或一起用餐的时间进行。

父母的理解与付出，加上他自己的努力，高一期末考试传来了好消息，他冲到了年级前 20 名！这是上一中后的最好成绩，真为他高兴，也为他骄傲。儿子学习的自觉性是我非常佩服的，记得同学妈妈曾经与我分享：说她的儿子看到他为了弄懂一道题，一个人在宿舍里冥思苦想了半个多小时，同学都觉得他好傻，后面有答案都不看，非要自己想。其实他们不明白，想出来的答案才是自己的，看到的答案是别人的。最让我感到欣慰的是他刻苦学习的劲儿，他善于利用碎片时间学习。比如平时出去吃饭，在等餐时间里，他会拿出随身携带的作业来做，能够如此主动地投入到学习中去，取得这样好成绩其实也是必然的，可喜可贺。

高一暑假可能是高中生涯最轻松的时光了，他提出了去学吉他，听到这个要求我还激动了一会儿。从小到大看到别人家孩子多才多艺，我也好想儿子去学一下兴趣班，可他一直拒绝，无论是课外辅导班还是才艺班都没上过，同学妈妈都笑说他帮我省了好大一笔钱。当时儿子说看到高中同学们多才多艺，自己后悔了，小时候应该把握机会去学习。我告诉他："只要有心，任何时候都不算迟。"

高二上学期期末考试，他前进到了年级 12 名。而在这一年，中国的中兴及华为被美国无端制裁事件不断升级，他在新闻里看到我国的芯片技术还比较落后，是发展的短板的报道，这激发起了他的爱国之心。高二时他将高考目标定下来，就是清华大学的微电子专业。他要研究芯片，到祖国最需要的地方去。我们看到他有如此决心，非常支持，高考目标就是清华大学了。

2018 年 12 月 31 日，一中举行成人礼，家长和同学们早早就来到了礼堂集合。在这个成人礼上，我被他惊艳到了。他作为班级的学生代表发言，2000多字的发言稿，全程脱稿，自然而流畅地讲完。过后他自己说当时紧张到都快站不住了，而我看到他自信侃侃而谈的样子，感觉他未来可期。

越接近高考，他成绩越稳定，在华大新高考联盟国内一流高中20所联考中取得了年级第一，也就是说他超越了尖子班的所有人，也让他证明了自己说过的话："我并不比尖子班的人差。"

高中老师评价他：生为高山，而非草芥。这似乎是对他高中生涯最好的总结。他一直是班级的主心骨，激励同伴们勇往直前。他很强，却不张扬，行事低调；他耐心，同学请教，能仔细解释。身在普通班，他屡创佳绩，从理综第一到总分第二，直到创历史的年级第一，他以自己的行动向一中人证明了"志之所趋，无远弗届"。

终于迎来了高考日。儿子的考场在自己的学校，我和他爸爸商量尽量不要打扰他，让他跟平时考试一样，放松才能考出好成绩，我们就在家等待他凯旋。

2019年6月24日深夜，我们如愿以偿地等来了清华招生老师打来的电话。我们兴奋了一晚没睡，很高兴，我们的儿子终于圆梦了！希望他在清华园中能够再接再厉，更上一层楼！

作者简介：郑雪梅，女，财务人员。儿子高中毕业于珠海市第一中学，现为清华大学2019级微纳电子专业学生。

支持和陪伴

——成长更有“戏”

张剑琴

因为有幸福的陪伴，生命的沃土才能开出绚丽的花朵；因为有爱的支持，人生的小船才能一往无前。身边经常有人问我：“你儿子学了那么多年京剧，书还读得那么好?!”每次我都只是笑笑，心里却很感激那一段支持与陪“戏”的日子。

有一天我和他爸下班回家，儿子蹦蹦跳跳地跑到我俩跟前，说要唱段戏给我们听。唱戏？幼儿园学的不应该是儿歌吗！我们有些怀疑自己的耳朵是否听错了。没想到接下来他竟手舞足蹈“叽哩呱啦”地唱了起来，根本听不清嘴里唱得啥词，但有旋律的转换，唱完他还告诉我们这是京剧的花脸。起初，我们并没有太在意儿子这一“不同寻常”的“技能”，只是一笑鼓掌了之，因为我们家没有一个人是戏曲爱好者，对京剧的认识和了解也只停留在《红灯记》《智取威虎山》上。

渐渐地，儿子对京剧铜锤花脸的痴爱越发强烈了，每天我家电视一打开就是中央十一套，只要有京剧节目，他就会搬个小凳子安静地坐在电视机前，如果有包公、徐延昭类花脸的戏，他更会站起身来，一板一眼地跟着“哼哼哈哈哇哇”地唱，尽管他还小，听不懂剧中人物唱的啥意思，但动作模仿的还有点儿像那么回事。后来不知是谁走漏了风声，楼下邻居们知道了儿子“会”唱京剧，只要见到他，就会逗他唱几句。这着实让人百思不得其解：咋就喜欢京剧了呢？周围也没有这样的戏曲环境呀？这可让当父母的我们犯愁了，这孩子是怎么了？

5岁生日刚过，因工作时间关系，我和他爸没有时间准时准点接送儿子上下幼儿园，只好提前一年让他跟着我去上小学了。有一天上学的路上，他郑重其事地对我说：“妈妈我想学京剧，学京剧铜锤花脸。”这一要求让我们着实为难，因为我们生活在湖北省东南部的一座小城，全市总人口也不过才百十来万，上哪儿找老师呀！禁不住儿子再三强烈地要求，于是我和他爸到处打听哪儿有教京剧的老师，还得是铜锤花脸行当，最后通过熟人关系才找到了湖北省京剧二团的一位20多岁的铜锤花脸“小”老师。老师人很实诚、和气，在我们一再恳求下，见过孩子后，同意收下这个小徒弟，老师也很忙，只能安排每周末一次的一对一教学。当儿子听到这个好消息时，高兴地抱着我一顿亲吻。

第一次送儿子去老师家学戏，老师严肃地对他说：“学戏要能吃苦，可不能半途而废哟。”不知道当时的他是否听懂了这句话意味着什么，也可能第一次有些紧张害怕吧，他不敢回答，只是默默地点着头。接下来老师领着这个小徒弟去房间，开始一字一句地教他唱《铡美案》“包龙图打坐在开封府”那一唱段。儿子是第一次学戏，怕他紧张害怕，所以我就坐在客厅沙发上静静地聆听一大一小俩“包公”对唱。在回家的路上，儿子嘴里一直哼着那段唱词，一路上我没有打扰他。吃完晚饭，他放下碗筷就下桌玩儿去了，突然房间里传来儿子的哭声，一问，原来老师说下次去要

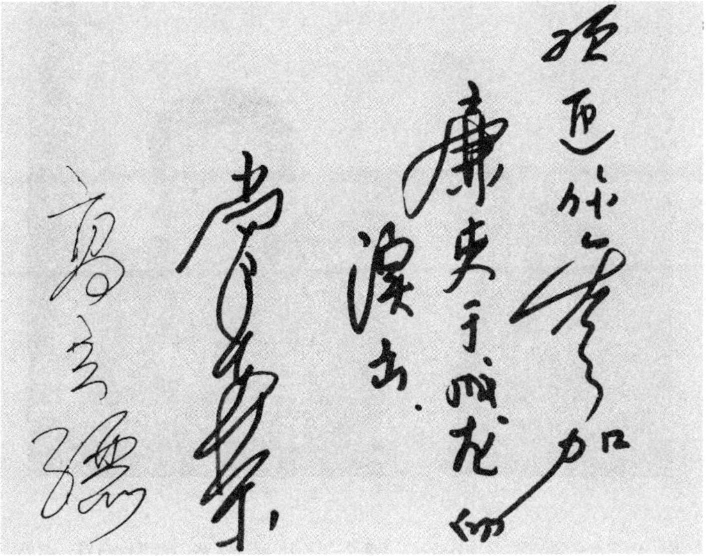

检查他这次学的几句唱腔，他现在全忘记了，开头也不知道咋唱的。看到儿子满脸泪水，我心疼地抱起他，鼓励他说：“没事，第一次忘记很正常，毕竟今天只学了一个小时，妈妈读书时上音乐课，课上唱得好好的，下课铃一响，刚学的歌曲一句也不会。”听我这么一说，他破涕为笑。于是我和他一起回忆老师教他的几句唱腔，还好那一个小时我在客厅仔细地听老师教唱。在我俩的配合下，儿子慢慢地找回了记忆，能完整地把那几句唱下来了，虽然不知道正确率有多少，但京剧的韵味好像还在，儿子自信地笑了。陪学了几次后，老师给了他几盘京剧唱腔磁带，让儿子回家听听；同时，老师还给了他一本厚厚的手抄唱腔词本，让我在家提前教儿子把下次课将要学的词背诵下来。由于手抄本字迹潦草，怕儿子不会认，于是我把唱腔词全部打印了一份，并装订成册，包上好看的封皮，儿子拿到后，爱不释手，给了我一个大大的拥抱。后来，每次我就只送儿子到老师家楼下，让他自己上去，然后我就到街上逛逛，下课了再来接他。

几个月后的校“六一”儿童节联欢会上，儿子有了他的京剧首秀，因为唱的《铡美案》，得化上妆，在京剧老师的要求下，他毫不犹豫地剃了个光头，开始我还担心他不愿意，没想到他这么痛快就为他的铜锤花脸献

“发”了，脸上还涂满黑白油彩。舞台上儿子有板有眼的表演得到了学校领导和老师们的夸赞，同学们更加佩服他、欣赏他。从这以后，儿子学戏更加努力了，无论严寒或者酷暑，他从来没有落过一堂课，有时因为有演出，会连续几天晚上到老师那儿加课，他也毫无怨言。他为了让我和他爸支持他学戏，总是咬牙坚持将每一句唱腔、每一个动作按老师的要求做到精准，儿子对铜锤花脸的喜爱和执着感动了我们，他变得能吃苦、能坚持，而且自信心倍增。有时我们看着虽然有些心疼，但却很欣慰。在他的影响下，我们也学习到了很多京剧方面的知识，“认识”了京剧界像尚长荣、孟广禄这样的名角。

2007年11月5日，第八届中国艺术节在湖北武汉举行，儿子有幸成为中国戏剧家协会主席尚长荣展演的《廉吏于成龙》剧目的友情小演员，能与尚大师同台演出，让儿子倍感光荣。演出后，他还得到了尚老的签名鼓励并合影留念。自此以后，老师教他学戏更加上心了，还免费增加课时教他练功。他学起戏来，也更加刻苦了，从没有喊过一声累，打过一次退堂鼓。上完京剧课回到家后，他总是自觉完成学校作业，吃过饭再听京剧磁带，反复听、唱，投入了不少的精力。为了更进一步地学好京剧，他还参加了试唱练耳的培训，这些都是他自愿报名的。他一直坚持到初三前，因为面临中考，无暇顾及学业的原因才暂时放弃了学戏。

铜锤花脸是以唱功为主的大戏，儿子从中学习到的不只有唱腔和手眼身法步，更多的是从戏曲人物身上学到了如何做人，如何坚韧地面对学习和生活中的挫折与挑战。学习京剧并没有让儿子的文化课受到任何影响，虽然他入学早，比同年级孩子小，但他的学习成绩一直在市区名列前茅，各方面能力也得到了锻炼和提高，多年担任学习委员、班长和团支书，也获得过许多大大小小的荣誉。因为有父母的支持和陪伴，孩子在戏曲的学习过程中锻炼了信心、决心和恒心，学习的内动力、自我约束力得到了开发和提高。中考前的4月份他都以招考前10名的成绩分别被华师一附中、黄冈中学、鄂州高中提前录取，但最后他却选择了名气靠后的鄂州高中。我们虽然有些惋惜，但最后还是尊重和支持了他的选择。高中阶段他自己还报名参加了全国中学生数学和物理竞赛的学习，也取得了不错的成绩。

京剧铜锤花脸的学习经历给儿子增添了无穷的力量，他把那份从对京剧的喜爱中成长起来的自信、自律融入生活和学习中，这份自信与坚韧或许将伴随他一生，感恩那段日子的陪伴和支持，相信他今后的成长更有"戏"！

作者简介：张剑琴，女，小学教师。儿子高中毕业于湖北鄂州高中，2017年考入清华大学自动化系。

陪伴女儿的时光

王绍平

当手捧着心向神往的清华大学录取通知书时，我们一家人都很高兴，这是女儿追求的目标，也是我们意料之中的结果。在孩子成长的分享会上，我对家长朋友自豪地说过：“女儿从幼年、童年到少年，我们一路用心陪伴，是尽职的父母，也是孩子的良师。”

对女儿的成长和培养轮廓我们是清晰的——一个聪明、自信的阳光女孩，那便是目标。

当好孩子的启蒙老师

从女儿一出生我们就很快进入角色，给予她有效的深度陪伴。进入大学前的 17 年里，她没有离开过我们，我们也从未把她单独丢给爷爷奶奶自己当甩手掌柜。爷爷奶奶主要负责生活及安全，引导、教育孩子则由我和妈妈亲力亲为。

0—3 岁是每个孩子在家庭中成长的特殊阶段，我们很珍惜这做孩子的第一任老师的宝贵机会，工作之余陪伴、教育引导女儿成了我们那个阶段最重要的事业，至今我俩也为当时的决定感到自豪……

女儿刚出生时，我和爱人约定，全家人讲普通话。那时，在四川讲普通话的并不多，但我们一直坚持得很好，这种习惯为女儿后期的语言表演及主持奠定了良好的基础。

为了给女儿营造一个良好的英语交流环境，从她出生一两个月开始我们就每天坚持和她说英语，抱着她听英语故事。那时我还在国企上班，因工作的需要每天会翻阅英文资料，下班回到家，我和爱人就带女儿到户外活动，牵着她上下楼梯时教她数 one（1），two（2），three（3），four（4）……走到水果店教她说 apple（苹果），banana（香蕉），pear（梨），grape（葡萄）等英文单词。女儿说话较早，有一天她拿着玩具突然冒出“rabbit（兔子）”的单词，让我们惊喜不已，那时她还不满 1 岁。

女儿上幼儿园时，我们几乎每天亲自接送，教她用准备好的英语句子向老师问好，每隔几天增加一句，一个学期下来她能讲很多日常用语。这样坚持了 3 年，小学择校面试，她能用简单的英语进行自我介绍。

为孩子的兴趣导航

小学三年级之前是孩子兴趣特长启蒙的黄金时段。我和爱人都来自农村，那个年代通过考学飞出穷山沟是我们的唯一追求，特长爱好只是遥不可及的幻想，但我们不想让这样的遗憾在代际之间持续重演。小学初段的学习是相对轻松的，我们试着给女儿报了语言表演、拉丁舞、琵琶、美术、书法等多种兴趣班，之后再做取舍。周末和课余时间我们不是在兴趣班就是在赶往兴趣班的路上。作为家长，我和爱人每次课都露面，也和老师混了个脸熟，老师允许我们在课堂上全程陪伴，准确记录、真实了解孩子的表现和兴趣点。四年级后，她的学习任务相对较重，我们让女儿继续学习语言表演和琵琶，其余的只能忍痛割爱。

兴趣特长班的学习很花时间，偶尔与学校的上课时间还有冲突，我们非常感谢女儿小学（成都市龙江路小学分校）的班主任老师，她积极支持并充分肯定我们家庭的时间规划和教育方式，同时还在班级及学校的活动中给了女儿很多锻炼的机会。

女儿的琵琶老师是一位资深的琵琶演奏家，要求严、标准高，女儿从6岁开始跟其学琵琶，一直坚持到高中毕业，从未间断。集训时手指起血泡、破皮、起茧，都是司空见惯。在她特别辛苦时，我们会播放她在舞台上表演的精彩视频，这往往能默默地化解她的疲惫，让她感悟乐从苦中来，这种精神力量与她后来就读的高中的名言“七中没有超人，只有超人的意志”高度契合。一份辛劳一份收获，女儿多次参加省市及全国展演获得金奖，并赴美国、新加坡等地访问演出。

我们认为语言表演是该给孩子首选的一门兴趣课，好处很多：表演时眼神会展现你的情感，站姿可看出你的自信，而良好的语言表达素养使学习、工作受益终身，这种观点也被身边越来越多的家长朋友高度认同。

从小学一年级开始，她坚持学习语言表演6年。其间我和爱人大多数时间同时守候在课堂，用镜头记录下女儿的表现，回家后再回放视频，将老师指出的不足之处及时改进。渐渐地，女儿从班级、学校中脱颖而出，小品、相声、辩论大赛等活动中活跃着她的身影；校园剧、电视台节目及大型活动主持中更是留下了她太多弥足珍贵的回忆。小学毕业时，她以优秀主持人的特长被成都市树德中学录取。初中、高中、大学的班长竞选，她都以最高票当选，这除了同学的信任和对她综合能力的认可，也受益于语言表演课的学习和老师多年的教诲与付出。

格尔迪说：“父亲是一种独特的存在，对培养孩子有一种特别的力量。”这句话深刻地影响着我，我力争让孩子从我身上既能看到独立、果断、勇敢、坚强的品质，又能让孩子从我身上学到哪怕是一丁点儿优点和长处。小学五年级，女儿班上成立了乒乓球兴趣小组，我比较拿得出手的体育爱好派上了用场，认认真真当起了女儿的陪练。几个星期后她成了班上女生乒乓球技的第 1 名，很多男生也不是她的对手。这一体育项目给了我们意外之喜，2013 年 12 月 5 日，英国前首相卡梅伦先生访问成都，女儿有幸成为卡梅伦先生的乒乓球双打搭档。

当孩子的智慧玩伴

玩儿是孩子的天性，陪孩子玩要要用智慧。和大多数家庭一样，我们的书房里都会摆放很多玩具和益智用品，其中最显眼的是那个早已转旧的地球仪。我们用地球仪给孩子科普世界七大洲五大洋、国家分布、资源分布等地理知识，当新闻播送国外的时事热点时，我们会在地球仪上找到相应事件的发生地……我们利用这种方法培养孩子的视野。

我们教女儿下象棋、跳棋、五子棋，培养她遵守规则的思维和竞争的意识。

她好奇心强，常会问很多为什么，如为什么声控开关可以识别人声，为什么跷跷板会一上一下……趁着她对万事万物充满好奇的时候，我们把所知晓的专业术语及天文、地理、历史等百科知识轻松地教给她。闲暇时，我们会一起玩儿飞花令、成语接龙等游戏。这些看似微不足道，但是集腋成裘、聚沙成塔。在玩儿的过程中，满足孩子的好奇心，培养孩子的创造力。

女儿上初中高中后，本该是关键的时期，我却相对轻松了：她习惯良好，目标明确，也有较强的自律能力，能独立、合理分配时间。爱人生活上对她无微不至。女儿从小有午休和每天练习琵琶的习惯，她在哪里上学，我们举家就近租房陪伴。学习上不用我们操心太多，但我们更多的是默默关注她的情绪变化、状态起伏等问题，主动与老师沟通、倾听孩子的声音、做孩子的情绪垃圾桶……这种陪伴虽无声但效果很好：女儿学习成绩优秀，参与主持、晚会独奏、发表习作、创作校运动会会歌一样也没落下。

……

如今，女儿已经成为清华大学的一名学生，我们也不再时时陪伴在她身边。目送着她渐行渐远的背影，回想起曾经陪伴的岁月，路虽远但过程美，很享受……

作者简介：王绍平，男，公司总经理。女儿高中毕业于成都七中英才实验班，现为清华大学2020级机械航空与动力类专业学生。

幸福的陪伴：我的育儿手记

常明立

尹建莉老师在《最美的教育最简单》中写道："强烈的母爱不是对孩子恒久的占有，而是一场得体的退出。母爱的第一个任务是和孩子亲密，呵护孩子成长；第二个任务是和孩子分离，促进孩子独立。母子一场，是生命中最深厚的缘分，深情只在这渐行渐远中才趋于真实。"

孩子上大学后，我对这段话的感受越来越深刻，母爱如水，父爱如山，每次送他离家，这种感受更加强烈。于是我把伴随儿子成长所记录的点点滴滴做一个整理，以纪念这来之不易的缘分。

学前篇

从小你就很聪明，幼儿时你就能读懂父母的一些表情。你躺在沙发上听我唱歌时，你会瞪着双眼看着我，听得高兴时你会摇摇胳膊蹬蹬腿，发出咿咿呀呀的声音，咧开嘴笑。有时我跟你捉迷藏，当我把捂着脸的双手"眸"的一声挪开时，你会兴奋得叫起来。学习走路时，你总是扶着墙走，时间长了在墙壁上留下了一圈与你同高的黑色印记。还记得你第一次走路走的是弧线，还记得你学习用勺子吃饭的情景，刚开始你用勺子把饭送到嘴边时会把勺子翻过来，洒得浑身都是米粒和汤汁，但最终你学会了用筷子和勺子，因为我们知道总有一天你要"自力更生"，做父母的不能一直"喂"你长大！

随着你慢慢成长，你的兴趣爱好也广泛了。最初幼儿园开设了围棋兴趣班和绘画班，一开始你就入了迷，每天放学回到家你就缠着我跟你下围棋，还在我们家的餐桌上画了一个围棋的棋盘，一有空你就看书摆谱。在大班时你考取了围棋初段，其间你的绘画也在市里获得了不同层次的奖励。你对象棋也很着迷，每天放学回家的路上总会站在路边的象棋摊前看别人下象棋。这一时期你的逻辑思维和推演能力也凸显出来，有一次我尝试着教你“九九乘法表”的乘法原理，我只是简单地教你到 4×4，你竟然把整个乘法表都推算了出来。

你的幼年是在父母的呵护下长大的，妈妈每天晚上的一个睡前故事把你带入梦乡。那段时间我也在积极准备着教育硕士的毕业论文，你时不时地会走到我身边，看我在写着什么，“爸爸在写东西呢，不要打扰我好吗?”这时你不情愿地走开，直到有一天，我发现你背着我在我的笔记本上写了很多东西，是字吗?不是!那像是偏旁部首更像是片假名，整整 3 页啊!我都觉得吃惊。有一年过年咱们到一个朋友家拜年，临出门你说要带一本书，妈妈说：“出去玩儿带什么书?”这时你说：“我要像爸爸一样爱学习!”就这样一颗学习的种子在你幼小的心里生根发芽。父母是孩子的启蒙老师，我想这就是言传身教的魅力所在。

小 学 篇

上小学后你的阅读更加广泛，凡是有益的读物我们都买给你：沈石溪的动物系列、郑渊洁的皮皮鲁系列、漫 P 等。我和你妈妈逛街时随手把你放在新华书店里，你会找到自己喜欢的书并且坐在地上一看就是半天。我们还会陪你一起看好多动画片，如《蓝猫淘气三千问》《奥特曼》系列、《天线宝宝》《海绵宝宝》《三国演义》(动画版) 等等。

小学是学习习惯养成的关键时期，我们对你的学习成绩从不提过高要求。写一手漂亮的字，爱上阅读，学会一种乐器，上课认真听讲，课后认真写作业，每次考试要把做过的题目审查一遍，等等。这些习惯和品质要比你考满分更重要。我们注重在学习方法上给你引导，从不盲目给你报课外班。父母是孩子的榜样，我们要用自己的优点和长处去影响你，不能用自身性格等方面的不足去限制你，我们更要用自己的弱点对你进行逆向培养。

有一个周末，你写完作业玩儿了一会儿对我说："爸，我有点无聊，怎么没有小朋友来找我玩儿啊？"我说："你可以主动约别人玩儿啊！"随后你让我联系一个经常玩儿的小朋友的家长看人家是否有空。在独生子女家庭里，父母要鼓励孩子主动与人交往，这也是一种必备的社会生存技能。

游戏是孩子们的天性，没有游戏的童年是不完整的。孩子们之间谈论最多的话题就是游戏或者玩具，魔塔、植物大战僵尸等游戏都是你的最爱。游戏可以开发智力，锻炼手眼大脑的协调能力，集中注意力等，通过游戏你学习了很多英文单词，结交了几个朋友，也学会了怎样处理作业与游戏的关系。

还记得你犯过两次相同的错误吗？当时我们心里也急，但我们知道，你在成长过程中犯错是难免的，有些错误是无意识的。所以我们没有不分青红皂白打骂，而是及时主动与你沟通，倾听你的想法，弄清了错误发生的原因，对你加以疏导和纠正，让你学会明辨是非，认识对错，知道哪些可以做哪些不可以做。

初中篇

初中 3 年你是在妈妈工作的学校度过的。这 3 年你在心智和生理方面都经历了很大的变化，你也经历了青春期的叛逆。到了初二下学期和初三上学期你回到家里话少了，我们看你的情绪也不对劲，有时说话带着火药味儿，这些我们都有心理准备。我们找机会跟你谈心，也通过书信跟你交流。有一次我突发灵感用英语给你写了一封信，你竟然也用英语给我回了信，就这样，我们默默地陪着你走出了这种困境。

初中的生活是忙碌而有序的。正是这种紧张而忙碌的学习生活磨炼了你，也锻炼了你坚强的性格，你从不言弃。我们对你要求不高但必须尽力，成绩有波动是正常的，要有好的心态去面对，把每次考试当成一种历练，学会反思总结归纳。记得你考第一的时候你比谁都开心啊！你的兴趣也更加广泛，每到周末我都陪你打乒乓球，还教会了你游龙滑板和骑自行车。

当时班上很多同学都报了课外班，我们也纠结要不要随大流，征求你意见时，你的一番话打消了我们的顾虑。

你说："老师上课的内容我都懂了，不需要课外班。"

我说："课外班可以提高一下，提前学习一下课本的内容。"

你说："提前学了，到时候课堂上干嘛？你们可以给我买些资料，我自学。"

高 中 篇

中考之后你不负众望考上了重点高中，为了节约时间我们在学校附近租了房子。开学初的一段时间你每天晚自习回到家总是给我们讲班上的轶闻趣事：语文老师带着方言的普通话、某同学的汗臭，还有那个谁放的臭屁等，讲得我们捧腹大笑！这说明你适应了高中的学习生活，已融入班级这个大家庭中。每个寒暑假，别的同学忙课外班的时候，你都会在一张A4 纸上列出每一天的学习计划，对学科内容进行归纳和拓展提升，计划之外你还有时间陪我们去品尝美食，还会打游戏，去欣赏电影大片。

高中 3 年的学习生活对你是另一种磨炼，你学习有计划，能合理安排自己的时间，思想也更加成熟稳重。高一下学期你凭自身的实力进入了强化班，也凭自己的能力竞聘了班长，你开始为班集体的建设集思广益。强化班的教学进度使你更加忙碌，但是课余时间你仍然坚持阅读文学名著，坚持练字（汉字和英语）。高二下学期的学业水平测试你考了 4 个 A（高考加 5 分），在全国中学生英语能力竞赛中也拿了全国一等奖，暑假后也在省数理化信息奥赛中拿了几个奖。

学习生活也需要劳逸结合，不知从何时起，你突然对篮球产生了兴趣，有时周末还能抽出时间去打打篮球。篮球这种运动能锻炼人的体魄，提高团结协作能力，也能让疲惫的身心得到短暂放松。到了高三总复习阶段，学校开始实行导师制，你开始在薄弱学科的知识点上进行总结梳理，拜访了学校的多位名师，回来后进行反思并找到突破口。有一段时间你钻研作文的写作方法，回来跟我说："爸，我拜访了几位语文老师，分别按照他们的观点写作为什么拿不到高分？"我想了想说："作文不管你参考谁的观点，它的核心是不变的，那就是你要有自己的思想，作文内容要符合社会主流文化，引导人们积极向上。"你好像突然明白了。我觉得我们家长对孩子的学科知识不可能做到精通，但是大体上对学科的学习方法我们是需要了解的，当孩子需要我们的时候，我们有话可说，而不是对他说："你自己想去，我又不是你的老师！"到了高三下学期你的成绩提高很快，几次模拟考试下来，你都在年级前列。高三最后一次家长会我在你的座位上发现了这句话："超越是一种胆量，是一种'欲上青天揽明月'的一身孤勇！"

学习不能一味地跟在老师后面走，一定要学会归纳总结，总结了才能把老师教的知识纳入自己的知识体系，才能活学活用。有一个周末你在家里把前期学的知识点总结了以后对我说："爸爸，真爽！我把前面老师教的都总结了一遍。"我表扬了你，并简单看了一眼你总结的笔记，那是一张概念图和思维导图。

喜讯传来

2017年6月24日，高考成绩发榜，那是让人期待又害怕的一天，表面淡定的我掩饰着内心的不安。虽说已经估分，但是不可知的因素太多，那天下午我迫不及待地拨通了专线电话：市区第1名。最后如愿以偿，你被清华大学电子工程系录取。

你对我们说："你们把我送到这里就可以了，以后的路就靠我自己走了。"我看到你在自己的朋友圈写着："My new life begins!"（我的新生活开始了！）

我相信这18年来你养成的良好习惯，坚韧品质，良好的沟通能力会使你受益一生！

作者简介：常明立，男，中学高级教师。儿子高中毕业于江苏省镇江一中，2017年考入清华大学电子工程系。

培养有爱、有志、有趣、有才的孩子

周新章

孩子是国家的未来，也承载着家庭的希望。家庭教育与孩子的成长息息相关，与学校教育相辅相成，家庭教育理念和家长的一言一行都会影响孩子。作为一位家长，与孩子十多年的相依相伴，我见证了他的成长和进步，感受到了他带给我们的快乐和幸福。在他的成长过程中，我始终把“有爱、有志、有趣、有才”作为孩子的培养目标，努力把他培养成一个健康、开朗、有爱、大方、勤奋、上进的好学生。

让孩子做一个有爱的人

爱不是空洞的说辞，而是真实的存在。孩子从每天的日常生活中能真真切切地感受到别人对自己的爱，这份爱可能是父母做的一顿美味的早餐，可能是和老师一次简短的促膝谈心，也可能是朋友之间的一句亲切的问候。家长一定要营造和谐温馨的家庭氛围，当好孩子的榜样，用自己的言行举止感染孩子。让孩子从一件件细微的小事做起，懂得感恩，把自己的爱心付出变成自觉行动，变成生活习惯。

我教育儿子孝敬长辈、尊敬老师，学会关爱他人，对他的爱心行为我总是大加赞许。如今从他的一些细微举动中我看到了他多年来养成的好习惯，看到了他的善良和友爱。在家里儿子对我和长辈特别孝顺，好吃的东西一定会先给长辈；他尊重长辈的劳动，对家里的一日三餐，不论是否合自己口味，从不表露出一点点不喜欢。他会用实际行动表达对家人的爱，记得他奶奶70岁生日，家人欢聚一堂，儿子主动帮忙端茶送水、打菜送盘，在酒席间忙碌穿梭，在场的很多人为这个城里长大的小孩如此懂事而大为赞叹。在学校，儿子对老师非常尊敬，他的教练曾告诉我，孩子每次离开教室都会亲切地与他打一声招呼之后再走，还夸他是个情商非常高的小孩。他对同学特别友好，谁遇到困难，他都尽力相帮。高一时，有一个竞赛基础相对差一点的同学每晚都会在回家的路上向他请教问题，儿子毫无保留地帮助解答，有时已经到了自家楼下，还经常为同学讲解，直到同学完全弄懂才回家。后来这位同学拿到了竞赛一等奖，在赛后总结中还特别感谢儿子给他的帮助。在公共场合遇到需要帮助的人，他会主动伸出援助之手，这已经成了他的习惯。有一天我去接他的时候亲眼看到：一位素不相识的阿姨正在推着小孩准备通过学校门前的地下通道，需要上下几十级楼梯，只见他快步跑过去，帮助这位阿姨抬着推车过地下通道。现在进了大学，他知道我和爱人对他的牵挂，隔几天会给我们打个视频电话，分享他在学校的学习和生活；遇到特殊的日子还会亲切地问候，让我们感觉到他对我们满满的爱。他的一举一动，虽细微，但令人感动。

孩子的心就像一块土地，你种下高尚，就会收获美德；你种下知识，就会收获智慧；你种下爱心，就会收获善良。我希望在孩子的梦想花园里种下真善美。我相信，一个从小孝敬长辈、尊敬老师、关爱他人的孩子，走入社会后一定会成为一个有大爱的人。

让孩子做一个有志的人

丈夫不立志，何以佐乾坤？每个家长都希望自己的孩子成为有远大志向的人，每个孩子对未来都充满幻想。身处纷繁复杂的社会，面对众多的选择，有的孩子迷离不定，没有坚定的方向；有的家长盲目干涉，任意左右孩子的选择。缺少恒志，就无恒心，家长和孩子难免苦恼。我认为，要让孩子培养自己的兴趣，有明确的目标。兴趣是最好的老师，有了兴趣目标，就有前进的方向和奋斗的动力。

同其他孩子一样，我家孩子也有过许多不同的梦想。他小学五年级开始接触编程，进入高中后，他有志从事计算机方面的专业，选择了信息学竞赛。作为家长，我尊重孩子的兴趣，支持孩子的选择，让他觉得不管成功与否，父母永远是自己坚强的后盾。我不仅期望孩子有明确的志向，更期望孩子能坚持自己的梦想，培养不畏艰难、永不轻易放弃、自信自强的品格。至于能否成功，我们始终保持一种信念：有志者，事竟成，只要坚持，一定会有收获。

竞赛是一场艰难的磨炼和修行，尤其是与高中课程无关的信息学竞赛。儿子面临文化学习与竞赛成绩的双重压力，一路走来，竞赛成绩时上时下，自信心经常遭到打击。几次大赛满怀希望却与奖牌擦肩而过，失望可想而知。但令我惊奇的是，他比我坚强，并没有我想象的那么脆弱和不堪一击。相反他在竞赛中学会了坚持，学会了坦然面对，学会了独立思考，学会了自主学习。记得高一第一次参加冬令营的时候，他的成绩排名比较靠后，与清华大学签约的希望十分渺茫。但他在电话中告诉我，考完后他仍在认真地准备第二天的面试，他认为只要还有一线希望就不要轻易放弃，万一奇迹发生呢。那一刻，我突然觉得儿子身上多了自信，多了坚守，多了执着。即使没有拿到好名次，没有签到清华大学，我也感到由衷的高兴，因为他学到了不畏艰难、不轻言放弃的精神。高一、高二时，他一直忙于竞赛，很少学习文化课程。去年高考自主招生政策改变，实行基础学科招生改革试点（也称“强基计划”），儿子高一签订的一本约不再有效。面对突如其来的变化，加上因新冠肺炎疫情停课，我十分焦急，但他心态坦然，凭着一股拼劲儿奋起直追，以优异的成绩通过强基计划顺利进入清华大学，实现了自己从小的梦想。

让孩子做一个有趣的人

一个有趣的人，不仅是自己能感受到世界的精彩美妙，而且能用乐观感染他人，让他人感受到相处的愉悦。孩子最终要走向社会，一个乐观开朗、兴趣广泛的人更容易融入集体、融入社会。学生时代是孩子积累知识，培养兴趣，养成性格的关键时期，家长要鼓励和引导孩子多参加集体活动，多参加社团组织，多一些兴趣爱好。在潜移默化中改变孩子，让孩子的生活更加丰富多彩。但现实中，有的家长只注重孩子的文化学习，忽视了孩子综合能力的培养。

我儿子小时候很腼腆，小学一年级刚当体育委员时，每天怯生生地整队、喊操，挨过老师不少的批评。经过不断锻炼，他胆子大了，在公众场合不再怯场。后来，我就鼓励他积极参加班干部竞选，参加班级和学生会的工作。担任学生干部增强了他的责任心，其组织协调能力也得到了大大提升。儿子从小声音条件比较好，我就鼓励他参加声乐训练，培养他的艺术情操。从小学到初中，他一直坚持训练，每年参加长沙市里的“三独”（独唱、独奏、独舞）比赛均获得了独唱一等奖，还被学校选送参加了区少年宫合唱团赴美国参加国际比赛。进入中学后，他主动参加学校的歌唱比赛，舞台上的表现力越来越自信大方。他还经常主持学校的一些活动，虽然这些活动需要花费一些时间和精力，但他从中学会了合理安排时间，丝毫没有影响他的学习。我还注重培养他的兴趣爱好和合作精神，让他养成大方开朗的性格，让儿子更加自信，生活更加丰富多彩。

让孩子做一个有才的人

对于才能的判断，不同的人有不同的标准。我认为作为一个男孩子应该有好的体格、好的口才，还要立志成才。

健康的身体是学习的重要保障，好的身体靠锻炼。即使学习再紧张，我也会督促他挤出时间去做一些自己喜欢的运动，如打篮球、踢足球、跑步等。体育运动可以增强他的体能，舒缓他的紧张情绪，让学习更有激情。

沟通交流能力是人际交往的基本技能，对沟通交流能力的培养有很多途径，学校的一些针对性的训练对提高孩子的沟通表达能力很有效，如他们竞赛班教练经常安排学生讲解一些专题，每次考试后由学生上台讲解解题过程，诸如此类的训练提高了孩子们的口才和应变能力。家长也要主动与孩子沟通。我的做法是尽量挤出时间多陪伴孩子，倾听他的想法和观点，我也把自己的想法告诉他，有的问题有意征求他的意见，让他乐意与我交流。对他的一些错误想法，我也及时予以纠正。

中学阶段是人生的关键时期，要让孩子有立志成才的决心和信心。勤奋的学习态度、严格的自律意识、有效的学习方法、初步的职业规划都是孩子成才所必需的。拿高分、考好大学不是教育的最终目的，但作为家长要让孩子明白，现今社会选拔和甄别人才最公平的方式还是考试，考试无可回避。要让孩子懂得，发奋读书是学生的责任，读书虽然不能给我们带来更多的财富，但它可以给我们带来更多的机会。要培养孩子的自律意识，家长要经常提醒，告诉孩子做人做事的底线，让孩子自我防范，做到行有所止。

上初中时，儿子偷偷迷上了手机游戏，有次家长聚会，一位家长说我儿子和一个同学一起用手机打网络游戏到深夜。听说了这件事之后，我彻夜难眠，我一向自认为十分听话的孩子居然抵挡不住游戏的诱惑，整晚上

就想着用什么样的办法才能让他主动从网络游戏中走出来。我知道他平时是一个非常有责任感、有梦想、顾全大局的孩子。第二天，我与他谈心，告诉他作为班干部跟同学一起沉迷于网络游戏就会带坏整个班级，这样相互影响下去，这个集体，这个社会的青少年就会颓废，我们的国家就没希望了，而且你考清华的梦想都会成为泡影。我还告诉他优秀的人应该更有自制力，我们不能改变别人，但是可以严格要求自己，时刻做一个有正能量的人，这样也可以相互影响，让这个集体更加优秀。儿子听了很是内疚，醒悟后主动要求把他的智能手机换成老人机，不让自己再有玩儿游戏的机会。进入高中后，竞赛生很多时候靠自学，靠自我管理，儿子每天守在电脑旁，口袋装着智能手机，但他能克制自己不玩儿游戏，即使停课也能按学校的作息时间正常作息，他的自律意识超出了我的想象。

有效的学习方法靠自己摸索，我认为最重要的是要培养孩子自主学习的能力，通过自主学习，自我总结，才能实现自我提升。初步的职业规划实际就是确定自己的奋斗目标，作为家长应当鼓励孩子多了解，扩大知识视野，选择自己喜爱的专业作为努力方向。我们家长要尊重孩子的兴趣和选择，不要过多干预，给孩子自我成长的空间和机会，培养孩子的特长。

每个孩子都是特殊的个体，每个家庭都有自己的教育方法，但美好的愿望是一致的，希望我培养孩子的一些体会能给大家带来有价值的参考。

作者简介：周新章，男，公务员。儿子高中毕业于长沙市雅礼中学，现为清华大学 2020 级致理书院信息与计算科学专业学生。

我的教育心得

郭 华

2020年7月24日晚10点，我永远无法忘记那个日子，也永远无法忘记那激动人心的一刻——高考出分了！我们六七个人围在一台小小的电脑前，我的心简直要从嗓子眼儿里跳出来。我既想看又不敢看，手不由自主地攥成了拳头。“706!”他小姨夫高声报出了分数。“哇!”我们所有人不由自主地同时欢呼了一声，我的眼泪瞬间涌出眼眶……那一夜我和丈夫彻底失眠了。

太激动了，太激动了！真的。706分是儿子的历史性突破，这个成绩对于其他教育强省的孩子来说也许不算什么，但对于教学资源和教学水平与其他教育强省存在巨大差距的新疆哈密这个小地方来说，却实属不易。这个成绩不仅仅让儿子成为新疆的理科第1名，更是迄今为止哈密历史上唯一的一个理科第1名，唯一一个高考成绩在700分以上的理科第1名!

儿子终于实现了他的清华梦，这也是我们的梦，更是我们整个家族的梦！

儿子考上清华的消息不胫而走，人们羡慕的同时，其实还有更多的狐疑：为什么我们这么一对平凡的夫妻能“生出”如此优秀的儿子？注意是“生出”，而不是“培养出”。他们认为我儿子是天生考清华的料，而只是恰巧生在了我们这样一个平凡的家庭里而已。我不由得想到了初中课文里曾经学过的一篇课文——《伤仲永》。这个故事告诉了我们一个最浅显的道理：孩子天资再聪颖，缺乏后天教育，也终将会“泯然众人矣”。那么，作为一对平凡的父母，我们在儿子成长的过程中到底做对了什么呢？

要有一双“慧眼”

父母要有一双善于观察、善于发现的眼睛，只有发现了，才能做出准确的判断，形成正确的决策。在我的身边有很多这样的父母，在他们的眼里孩子没有缺点，他们发现不了孩子身上存在的问题，所以孩子的缺点将永远存在；也有这样的父母，在他们的眼里，孩子几乎没有优点，这样的孩子可能永远缺乏的都是自信。

我从儿子身上发现了什么，我又做出了什么样的判断呢？通过两件事情可以看出我的判断是正确的。

一是，儿子 8 个月时就已经可以比较清楚地说出“爸”“妈”这样的单音节词了，11 个月左右时可以发出“牛奶”“奶牛”这样比较复杂的双音节词的读音，这说明他的语言发展速度并不慢。但其实我是有些担心的，因为他爸爸属于寡言之人，爷爷奶奶都不善言谈。平时我们夫妻俩早出晚归，儿子白天都是由爷爷奶奶带。为了图省事，晚上我也经常不接回家。爷爷奶奶在一起时，对话本就不多，周围又没有什么邻居串门。半年之后，问题就出现了：儿子已经 1 岁半了，我发现他还只停留在两个字的表达上，如“妈妈”或者“抱抱”这样的词，但连起来“妈妈抱抱”就说不上来了。孩子的语言发展几乎停滞不前了！也正是在这时，我放了暑假，带着他去了库尔勒——我父母家。我父母都比较爱说，尤其他姥姥更是如此。姥姥天天带着外孙一起玩耍，从库尔勒回来时，儿子已经会背“小老鼠，上灯台”这样的儿歌了。想想之前，从4个字都不能一起说，到现在一个月不到就能背整首儿歌，这是多么大的进步啊！可见后天的教育作用有多大！但我和爱人的工作就是这样，白天回不了家，孩子只能由爷爷奶奶带，而爷爷奶奶的性格又怎么可能改变呢？改变的只有我们自己。我不再贪恋晚上有人给我带孩子的轻松，每天都按时接他回家，陪他游戏、给他讲故事、教他唱儿歌……在儿子只有2岁8个月时，我毅然把儿子送进了幼儿园。我知道公婆把儿子照顾得很好，但老人只能给孩子最充足的物质保障，却给不了孩子更多的教育。我不能因贪图有老人给带孩子的轻松，就忘记要关注孩子每一个教育成长的细节……

由于发现及时，措施得当，儿子现在虽然不属于健谈之人，却也完全没有像他爸爸那样寡言。我们有意识地让他在成长中避开了这一短板。

二是，让儿子爱上音乐，这也源于对他小时候的观察和最后做出的准确判断。

儿子不到1岁就会走路了，有一次，我带他在楼下玩儿，一家服装店正在放音乐，节奏欢快，他兴奋地随音乐扭动。很多孩子都这样，这并不稀奇。但我又发现，无论是坐出租车还是待在家里，或者到别的地方，哪怕他当时在玩儿玩具或干别的事情，只要有音乐，他的小脚丫就不由自主地打节拍。我当时就断定，这小子好像有点音乐细胞。不知道是不是胎教时和我坐月子期间听的莫扎特钢琴曲起了作用呢？

我下决心在他5岁时开始让他学钢琴。如果不是这些发现，我不敢做出这样的决定，因为十几年前我们俩的工资收入合起来才只有4000块钱。我们小镇没有钢琴老师，每次学琴来回都要坐将近三四个小时的车到市里去学习，各种花费，包括搭进去的时间，都让人觉得在那个年代学钢琴是一件极其奢侈的事情。但我发现儿子对音乐的兴趣后就毅然决定让他学钢琴，这一学就坚持了9年。儿子顺利考过了十级，也由此爱上了音乐，音乐也影响着儿子。

前些日子与儿子视频，他告诉我，他面试成功，顺利进入清华大学合唱团，他说唱歌是他喜欢的事。我为儿子感到高兴，又不由得感慨音乐在儿子这一路成长中所发挥的巨大作用，尤其在高中面对巨大压力时，音乐是他排遣压力的最好方式之一，就连洗澡时他都会快乐地哼唱。真的，我极少见到儿子有愁眉不展的时候，是音乐让他的精神富足。

至今，我仍庆幸我的发现、我的决定，以及我的坚持。

你先坚持住

其实有太多的家长，不是没发现，也不是没去做，更多的人是输在了“坚持”二字。优秀的孩子身后，一定站着自律的家长。例如，我儿子学钢琴这件事，除了金钱、时间，考验你的，还有耐心。每周忙碌的工作结束，好不容易盼来周末，却又要打起精神踏上陪儿子学琴之旅，陪儿子上课、记笔记。每次回来，他总是累得趴在我腿上睡着了。一路上 1 个多小时的车程，怕弄醒儿子，我不敢动一下，到下车时半边屁股麻得走起路来像个瘸子。除此之外，每天下班回来吃完晚饭，我都要陪他练 1 个多小时的琴，10 点半左右他睡觉我才开始工作——备课。12 点之前我从未睡过觉。

更重要的是，在这个过程中，你还要跟儿子斗智斗勇。他不想练琴，想玩儿，不想坚持，怎么办呢？你更得陪伴、鼓励，更需要耐心，更需要坚持。因为这不是一天两天、一个月两个月的事，这是经年累月的坚持。我身边有太多的家长落在了半路上……

坚持的结果是什么？儿子掌握了一项技能，拿了钢琴十级证书，而且等级是优秀；儿子爱上了音乐，并且音乐让他受益匪浅；儿子学会了坚持、养成了自律的习惯……据说弹钢琴还能促进智力发育。如果真是这样，儿子能考上清华，学钢琴这件事真是功不可没呀！

以身作则是最好的教育

没有哪一对父母十全十美，但我们把仅有的都给了儿子，他的优点不就更多了吗？而所有的这些优点其实都为他能成功考入清华起到了推波助澜的作用。

他爸爸寡言，性格却宽厚善良，对儿子耐心十足，是典型的慈父。他给予儿子的是多数父亲做不到的最温暖的陪伴。儿子性格宽厚沉稳，像极了他爸爸，而这一性格又让他和老师同学都一直相处融洽。我们和儿子的关系和谐，从来都没有出现过剑拔弩张的情况。家庭和谐，孩子内心不纠结，谁又能说这对他的学习没有帮助呢？

我是一名初中语文老师，常年从事班主任工作，对教育有自己更深刻的体会，更注重孩子在成长过程中每一处微小的细节处理。

儿子初中在我所工作的学校就读，分班时，别的老师的孩子都进了我带的班级，但我却让儿子进了其他班级。我告诉他，你一直在我的教育下受我的影响，这样会很狭隘。我希望你见识更多优秀的老师，学到其他老师身上更多优秀的品质。我征求他的意见：在学校愿意叫我什么？他说叫妈妈，我就让他叫我妈妈，从不叫老师。我在儿子心里永远都只是妈妈，这让他更心安。我从不趴窗户去观察他，除了学校安排的公开课我必须进班听课，也从不主动去他们班听任何一节课。他虽然跟我在一个学校、一个年级，但他却没有任何压力，他很快乐。

儿子从小文弱，不喜动。我热爱运动，就一直鼓动和影响他，后来他逐渐爱上运动，并养成了经常锻炼的习惯。直到高考，他也每天坚持锻炼，正常作息。现在的他，1. 82 米的身高，6 块腹肌，身材挺拔笔直，是篮球场上的健将……

每一个家庭都不能给孩子最完美的教育，我们也一样。但孩子得到了我们尽力给他的，并知道我们所不能给予的，他能主动在今后的成长中去弥补和加强他所没有的，我觉得，这才是最好的教育结果。

作者简介：郭华，女，初中语文教师。儿子高中就读于新疆维吾尔自治区哈密市二中，现为清华大学 2020 级新雅书院学生。

给儿子的教和育

郭彩萍

教与育，如影随形。教，显声有形，或许立竿见影；育，耳濡目染，心路漫漫，一时之刻难以彰显成效。我更欣赏：“育”中“润物细无声”之功，“育”中“静待花开”之美。

2018 年，儿子这一代“世纪宝宝”长大成人，也是在这一年，他考入了清华大学，我们一家欢欣鼓舞。我还曾记得，6 月 24 日凌晨，等待高考出分时的那种煎熬；怎会忘记，7 月 23 日，拿到清华大学录取通知书时心里的那份踏实！8 月 22 日大学开学，这意味着儿子马上要远行了，我们才感觉时间过得真快，儿子成长中的一幕幕在脑海中闪现，想起对他教和育中的点点滴滴……

初为父母的我们，在儿子小的时候就有意识地培养他的独立性。1 岁多，儿子刚刚学会自己吃饭走路，我们就不再包办代替。每次开饭之前，我先给他洗干净小手，系上大围兜，他站在茶几前开始用手“胡吃海塞”一顿。一开始他吃饭的“阵势”非常大，但一直坚持，本事长得很快，他慢慢地学会了用勺子、筷子吃饭。还记得，冬天的时候，他自己一件件衣服不知里外顺序穿衣的囧态，十分可爱。小的时候，我们从吃饭穿衣这些不起眼的小事抓起，锻炼他动手的能力，培养他一种独立的品质。其实，在自己的事情自己做的过程中，孩子是乐此不疲的。对他来说，这就是幼儿期生活的体验与尝试。上小学的时候，一年级老师把给孩子们安排的周末任务写在小黑板上，家长们在接孩子放学的时候都要抄写下来。我回家后就告诉孩子，以后自己的事情需要自己办，老师安排任务时自己要用心听老师讲。这些小事对他来说都是锻炼。所以从小学开始，他的作业任务等事情我们大人从来都不用太操心，因为他知道自己的事情就应该自己负责。同时，也培养了他的责任心。儿子十多岁的时候，我们有时回家较晚，他能做好一家三口的晚饭，我和他开玩笑地说：“在量的掌控上，你还挺精准的。”面对鼓励和肯定，他也非常高兴。他在做好自己力所能及的事情中，学会了体谅他人，懂得了孝敬父母，学会了感恩。在2016年山西省首届“寻找最美孝心少年”活动中，荣获长治学院附属太行中学“学习之星”的称号。

孩子的成长，是父母陪伴其不断尝试体验生活的过程，是父母指引其认识外面世界的过程，更是父母言传身教，养成良好习惯的过程。良好习惯的累积，就是一个人性格的养成。儿子喜欢阅读，博览群书。有时，看着他手捧着书，如饥似渴地读，作为父母的我们，是一种莫大的欣慰。从他牙牙学语起，我就坚持每天给他讲故事，从他的第一本书——撕不破图画书读起，然后是漫画书到注音故事书，再到后来的中外世界名著。读书，给了他丰富的营养，使他受益无穷，促进他的价值观形成，培养了他做事专注的优秀品质。同时，从小阅读能力的培养，也为儿子在高考中取胜打下了坚实的基础。读书，是一个家庭最好的习惯，也是一个孩子最好的教育。

体育运动也是他成长的养分。他小学二年级开始，他爸每天早上陪着他跑步、爬山；初中时，我们全家打网球、乒乓球、游泳；高中 3 年，他每天下午在学校跑约 3000 米。体育运动强健了他的体魄，愉悦了他的身心，提高了他的学习效率，增强了他遇事沉着冷静的良好心理素质。他高中的学习也从来都不开夜车，课堂效率高，我想这也得益于运动。坚持运动和阅读，培养了他专注和爱思考的品质，感谢阅读，感谢运动。

父母是孩子成长的镜子，要为孩子做好表率。作为母亲的我，是一名初中思想品德教师，在他的成长中，我觉得身心健康教育是第一位的，父母在其中发挥着重要作用。作为父母，人格魅力对孩子的影响是潜移默化的。记得在小学三年级的一次考试后，他班上的几个同学因为他在考场上没有告诉他们答案打了他，他爸爸去接他时，他眼里含着委屈的泪水，却告诉爸爸："我不生气，是他们做得不对，我会告诉他们的。"一件小小的事情，我知道了儿子是明事理的，也从儿子的善良中看到了对别人的宽容。善良是根基，宽容是高贵。我们教育孩子吃亏是福，与人为善。在家庭的熏陶下，他有着良好的道德品行，乃至日常生活中或旅游的景点他都会随手捡起乱扔的垃圾，这些都是习惯使然。现在儿子已成为我们父母的榜样，鞭策着我们要注意自己的一言一行。

孩子的成长是一场马拉松，一次受挫和一次成功对孩子来讲同样重要，这些成败经历装扮着他长大的路。父母的坚持，会鼓励孩子大胆尝试，从而夯实人生的基石；父母的善良，让孩子能够阳光地看待世界，发现生活中的美好。陪伴儿子长大，我们也在成长。我相信儿子已经拥有了获取幸福的能力，在未来的日子里他会走得更加坚定与从容，享受人生。

作者简介：郭彩萍，女，教师。儿子高中毕业于山西长治学院附属太行中学，2018 年考入清华大学机械航空动力系。

幸福就是陪他慢慢长大

金　鑫

2020年的开学，因为新冠肺炎疫情，显得特别有仪式感，家长把孩子送到校门口止于目送，从此后，孩子的路靠自己走！那一刻，他眼中满满憧憬，我眼底朦朦泪水；那一刻，他和学长并肩的背影，筑起渐行渐远的思念；那一刻，我的泪水中饱含欣慰与不舍。

因孕期生病，当麻醉师温柔地告诉我喜得健康麟儿时，我眼泪哗哗流下，那一刻无比感恩他的平安。匆忙上岗的新手爸妈经历了许多慌张、混乱和焦虑，我们仨一路磕磕碰碰，也一路顺顺利利。虽一直是分隔两省相

距千里的双城生活，但团聚的日子不少。小学是爸爸两省跑，初中后是我两省跑，家中的火车票满满一抽屉，我们争取所有可以陪伴儿子的时间，努力不错失他成长路上每一个珍贵的瞬间。再回首时，却欣喜所有吃过的苦，都是筑就今日的踏实台阶，并庆幸我们没有错过儿子成长的每一个重要时刻。

我们认为成长离不开父母的陪伴

因为我们是自己带孩子，所以我和他爸爸重新规划了职业生涯，只为了可以有更多自由的时间来陪伴儿子。公园、乡野、球场、兴趣班……我们成了少数爸妈陪伴的身影，甚至为了能多在家带娃，爸爸以科研抵课时，每周上二休五地陪着儿子到处撒欢儿，一度让旁人以为他是全职爸爸。爸爸可以更加细致地给儿子解答“十万个为什么”，呵护了他的求知欲；爸爸陪着他克服了协调性差的问题，儿子陆陆续续学会了骑车、轮滑、跳绳、打球、游泳等各种技能。因跟着爸妈朝八晚六的作息，不知不觉中他养成了规律有序的作息习惯；也更多地参加了户外拓展和竞技活动，让他从胆小腼腆的小娃儿慢慢成长为坚毅刚强的小伙子。

我们坚信成长必须读万卷书行万里路

我们搬过好几次家，每个家最大最重要的家具就是书柜，我们自豪家中满满的书籍。我们所有的旅行都会带着书，Kindle 也早就更新换代，最爱收和最爱送的礼物也还是书。家里最美的时刻是夕阳透过吊灯的琉璃映射到墙上，形成一道彩虹，妈妈在开放的厨房里做饭，爸爸和孩子在面前的餐厅、客厅里看书。我们周末常常去郊游爬山，每年都安排家庭旅行，走过的每一步都丰盈了孩子的见识，提升了孩子的气质。

那些年，儿子会用文字记录他的每一次旅行，他的《大头西游记》系列、《游学美加》，还有零零碎碎的游记，都记录着他行路中的观察和思考。那些年我们徒步登顶一座座高山，征服过雪夜，克服过“高反”，在山顶见过最亮的星空，见过最美的朝阳，种种经历锻炼出他这些年在竞赛路上的坚韧，屡战屡败又屡败屡战，终于走进了清华园。

我们笃信成长应当尊重孩子自己的选择

成长之路我们能借助的是孩子兴趣的本能，相信只有迎合了孩子的生长密码才能水到渠成。可是最初谁又知道孩子的兴趣在哪里呢？我也告诉他，世界很大，好玩儿的不止一两样，想试就去试试吧。对于儿子的选择，我们尊重并积极铺路支持，只是提醒他无论是继续还是放弃都得坦然接受结果。

记得他小的时候想学钢琴时，我带着他去了琴行，一天下来他又觉得枯燥，于是我们放弃；学画画时，他刻板的画作总招同学取笑，直言这个不适合他，于是我们放弃；学声乐时，老师夸他声音条件很好，在他的鼓动下我交了一年的学费，几个月后他罗列出很有条理的一堆理由要求放弃，于是我们长谈之后也放弃了。他学过的东西很多，中途放弃的也不少，我们相信尝试又放弃并不是半途而废，只是一个选择的过程，既然有足够的时间，就让他多参与、多比较、慢慢选。

他羡慕邻居哥哥能参加围棋比赛，主动提出学围棋。学棋6年，历经挫折，一路走来有输有赢，即使遇过很多困难，他都不言放弃，终于略有所成。初中后，他有幸入选学校数学竞赛班，从此仿佛找到了人生目标。尽管数竞起步晚，他孜孜不倦地埋头在数学题海中，还因喜欢数竞老师而重复去上课，终于获了奖又升了班。后来，他因综合成绩优秀被直推上了高中，并成为数竞选手。在高考倒计时的日子里，他补习落下的生物课，仿佛又找到了新的兴趣。他一边备战高考一边备战生物竞赛，我则一边默默承受高考的焦虑，一边帮他买书，帮他联系老师。高考后他紧接着又当了回生竞选手，心满意足地说高中结束了。

我们在这其中的作用就是送他陪他，他选，我们支持；他弃，我们也支持。连他自己在学习分享中都说：给他学习生涯助力很大的教育方式是父母不强制，他做什么父母都支持他所有的选择。

我们始终相信坚持的力量

我们未曾对他有多高的期盼，只是珍惜当下；他也未曾定下多高的目标，只是执着认真。我们都坚信行则将至，日积月累坚持不懈，努力攒够了，梦想就一定能开花。我还特别钦佩儿子在长跑赛道上的勇气和毅力，一圈儿又一圈儿的奔跑，任疲惫爬满全身，仍步履不停。看着他在跑道上坚定奔跑的步伐，在水中如鱼般灵巧的欢悦，在球场上矫健的身影，谁又能想到，小时候的他很晚才会翻身，不会爬走不稳，跳绳学了半年才学会，羽毛球学了几年才能上网……但或许正是那些年他在训练场上不断挥舞的球拍，书包里时刻揣着的跳绳，坚持了3年的绕校长跑，锻炼了他这守正笃行久久为功的坚韧。学习中他也是认认真真，毫不松懈，一步一个脚印，慢慢靠近梦想。在初中毕业的那个暑假，他有幸在清华校园内学习，了解到了清华校园学习生活的丰富多彩；终于，他想去北京读大学，想进清华学数学，而他做到了。在他16岁，生命中最灿烂的季节，他开启了自己人生的新征程。

如今，到了放手的时候，我们的思念延绵到他生活的那座城。我会常常想起，曾经的我们拥抱彼此，就像拥抱了全世界；我也深深怀念，那段形影不离的日子，跟在我身后的那个小人儿，一天不止喊100声的“妈妈”。我因陪伴过而幸福。我们的祝福跟不住他乘风的背影，他已长大，如快乐的小鸟，越飞越高。

作者简介：金鑫，女，公务员。儿子高中毕业于福建师大附中，现为清华大学2020级数学系学生。

就像当初我爱你

何群芳

每当听人谈起为人父母（陪写作业）的艰辛，我总是淡淡一笑，在我看来，培养一名学习成绩优异的孩子，纯粹的父母之爱足矣！陪女儿一路走来，我整理出 4 个关键词：选择、陪伴、等待和守望。

所谓选择

1. 幼儿园

跟所有年轻的父母一样，我们希望能提供给孩子最好的教育资源。当年我们选了一所中等（费用）的幼儿园，学费是她父亲月收入的 1/3（当时我全职带娃没有收入，所以这项支出占家庭总收入的 1/3）。因幼儿园离家较远，天未亮女儿就得起床，在校车上辗转 1 个小时才能到达。当时没有家校联系方式，有一天我心血来潮去幼儿园看孩子，她正在上英语课。2 岁半的她总比其他孩子慢半拍，艰辛地扮演着乖孩子的形象。我瞬间泪奔，立即做出转学的决定，虽然当时离期末已不足 1 个月。

我们把女儿转到了单位周边一所普通幼儿园，一待就是 3 年。某个“六一”儿童节，她在教室里得意地给我读她识的字时，我说：“走，咱们不学了，妈妈带你出去玩儿。”然后在老师的“白眼”下我和她走出了教室。

是的，陪孩子尽情地玩儿，是我当时做的选择。

2. 小学

孩子小学的时候，社会教育进入初卷（以“起跑线”一词为代表，孩子教育初步的不太明朗的社会竞争意识确立）时代。

我们选好学校，也交了赞助费（公立非片区），总额相当于父亲半年的工资。它是几所口碑较好的学校之一（教师的职业素养很好，也没有补课、送礼现象），最关键的是我们欣赏学校的教育方式。其他学校的孩子每天都有一大篇字词句的练习卷，而她的语文作业则是每晚 20 分钟课外（名著）阅读；数学老师要求学生在课堂上完成所有作业，并强烈反对家长参与到数学学科教育上来（一个老中师生自信她在小学教育上的能力远超过我们这些所谓的大学生和研究生）。

3. 初中

在初中学校的选择上，我们也费了一番功夫。我们与两个最好公立学校的招办主任多次探讨，摸索各自学校的教育理念：一中比较宽松，中考成绩其次；五中管理严格，中考成绩斐然但高考却退其次。考虑到女儿的学习习惯较好，再加上我的教育理念，我们选了一中。整个学校 2015 级教师团队和 14 班学生后期发展证实了我的选择是正确的。

4. 高中

女儿准备上高中时，我们选择了去外地求学，但却并非被流行裹挟。她经常被同学称为“学霸”，老师无意间也会优待（我亦同感），这让她感觉很郁闷。优秀学生外流导致教学过程重复低效也降低了她学习的乐趣。走出去选择一个能让她正常感受喜怒哀乐的环境，并保持对学习的持续动力是我们的初衷。我们还与女儿就教育水平可能会比在本地高中教育水平低（高考成绩会受到一些影响）的可能做好了心理准备。

建议家长为孩子选择学校时不要人云亦云，要认真了解将要选择学校的情况，并分析自己的孩子是否适合这所学校的教学管理风格。我花了 1 年的时间去了解择校的事项，得出的结论是选择要因人而异，并不是所有孩子都适合宽松的环境，都能平心静气地当凤尾，越是在浪潮汹涌时，家长越需要冷静，适合自己孩子的才是最好的！

5. 大学

高一下学期时，女儿告诉我们她喜欢临床医学，她用1年的时间大量关注了与医学有关的诸多信息（包括轰动一时的华西院长坠楼事件，也正是她在这件事情上的理性客观认知让我们做出支持她的决定）。她常与协和、上交医学院的学长们交流，并在高二上学期与华西皮肤科专家走了一天临床观摩（当时班上共有6人参加，她是唯一因此愈发坚定初衷的学生）。

其实她也曾想选择建筑设计专业，后经对专业和就业的深入了解，她觉得自己虽然有“出类拔萃”的描摹能力但创新力薄弱；她虽然最喜欢的学科是物理，但自认为没有足够的智慧深入自然科学的探究。最终她选择了更适合自己个性和潜力的生命科学延展方向——临床医学。基于她属于全面发展型（理科学习真的太累）学生，我们一直建议她选文科方向。高二分科时，我们也和她探讨过选科方向，但文科生不能报临床，所以她仍然选择了没有优势的理科实验班，并磕磕碰碰地走了下去。

填高考志愿时，她无悬念地填了4个临床医学，其余留白，当然我们有过语言上的否定，但尊重孩子的选择是我们的共识，只是心里还是一直希望她能更换专业。

相较于我们的焦虑和不安，她却做好了各种准备，清华大学生命学院必须完成的有机化学硬是被她一点点啃下来了，并获得了学科最差得分（70多分），她也曾一边哭着一边刷高数（A），谁让她喜欢，非要选择这样一条道路呢？她的理性和踏实认真其实是非常适合做医生的，何况还有喜欢！大学3年来，当一些人在纠结专业盲目卷时，她始终能保持那颗初心，不为绩点而学习，并一步步克服自己的盲区亦越走越畅！

兴趣才是最好的老师，让孩子做自己想做的事情，尊重每一个独立的个体是我们家长需要完善的人格之一。

所谓陪伴

1. 幼儿期

幼儿时期是开发孩子文学和数学学习能力的最佳时期。我们会利用一些亲子互动游戏来激发她的兴趣，如我们会用“剪刀、石头、布”的方式决定输或赢的一方讲故事。刚开始的时候，孩子肯定会耍赖，这时家长坚决不能妥协（当然需要耍点手段让她多听，以此激发其兴趣）；形式灵活多样，可以来自书本，也可以复述家长讲过的故事。生活是最好的题材，我和她爸爸经常借助楼梯板凳、花草蝴蝶、月亮蚂蚁等素材编一些看得见摸得着的故事。有时我们会经常即兴的编一些顺口溜，连打油诗都算不上，但恰恰是这些即兴发挥，给孩子的想象插上了翅膀。我们也鼓励女儿给童话编另一个故事的结尾，或把书中的故事用游戏的方式表演出来，她有时候扮演可爱的小蜜蜂，有时候化身美丽的小公主，慢慢地她喜欢上了“书”这个好朋友。

我们的理念是在玩耍中训练孩子的思维，如父亲用粉笔在地上画图，妈妈假装不会看图，观摩的她立即变成了热情的讲解员。这类游戏反复多次之后，孩子的空间思维逐渐打开。我们也会和她一起玩儿数豆粒或扑克牌的游戏，她居然无师自通数字加减。我们虽然也羡慕大学群里的教授爸爸妈妈们，但作为普通家长与其望断脖颈不如低头与孩子一起游戏吧。

2. 学龄期

小学的陪伴也跟玩儿差不多，但我们会有意识地加入一些学业引导。

小孩都爱玩儿，这点毋庸置疑。当她玩儿玩具玩儿得上瘾时，我会拿本书认真看，也不会劝阻她玩耍。过不了多久，她就非常好奇妈妈为什么那么喜欢看书，接着她会耍赖要求我给她看，这时我坚决不让步，慢悠悠认真看完，然后得意地与她聊书上的精彩故事，心急火燎的她就会抢过去看，但是又不认识字，只好求着我教她学查字典（因为我会拒绝告诉她某个字叫什么，是什么意思)。记得当时我给她买了一套《草原上的小木屋》，可女儿觉得杨红缨的《亲爱的笨笨猪》更好看，这时，我就会“废寝忘食”地阅读并兴奋地与她爸爸分享《草原上的小木屋》里的故事情节。女儿的兴趣就这样被点燃，而后一气呵成地读了下去（这套书她读了不下10遍，上大学之后，她偶尔还会翻阅)。

家长对孩子的影响不容小觑，当年我偏执于西方文学的自由，无意识造成了女儿对中国古文化知识的欠缺，六年级发现这一问题想加以纠正时已非常困难，家长一定要有包容心，避免自以为是地将自己的认知强加给孩子，这对于孩子是欠公平的。

我认为学好数学应该有两种品质，踏实认真和思维发散。很多父母会说，孩子什么都会，就是马虎一点儿，而且还喜欢当着孩子说。相反，我欣然接受女儿的不懂但会训斥她的马虎，不会就是不会，但马虎却给他人和社会造成了巨大损失。

教育的培养最重要的是习惯养成，小学一年级是整个教育培养最关键时段。我们非常不赞成家长替代老师，我不让她爸爸帮她答疑（她曾与我争论，说爸爸是大学老师，我说，在小学教育上，这个大学老师跟你老师没有可比性)；我不让爷爷告诉她这个题什么意思，该怎么做自己查字典，一个字一个字多读几遍就明白了。所以，她逐渐养成了独立学习的习惯。

刚上一年级时，半小时的作业她会写上三四个小时，这时我会拿一本书坐在旁边看，她一会儿摸摸东西，一会儿上厕所，我就会笑着提醒，1个月后她这个不专心的毛病彻底治愈！

二年级时，我专门纠正她马虎的毛病。有一件事情印象深刻，我故意没有买到老师指定的练习册，就和女儿商量没有练习册做不了习题怎么办，于是我提议：妈妈每天自己出一小篇难度不太大的练习题让女儿做，如果保质保量完成任务呢，就给她一个有趣的奖励贴（包括优秀、良好、坚持、努力、加油等)，女儿也非常赞同我的建议。当她情绪高昂时，我会尽量找出她在做题中的错误；当她状态不好时，我也会偷偷将答案改正确，然后画一个笑脸或星星鼓励她。后来她的数学老师曾将这本小册子传阅至整个教研室。

借鉴数学作业的方法，我征求女儿完成听写作业的意见，我列举了一些理由供她参考，如妈妈需要做饭，没有富余的时间（肯定不是真的哈）帮她完成听写作业……综合商量之后呢，我和女儿决定把听写改为默写。女儿完成作业的质量非常棒！

在这一个阶段，除了培养孩子良好的学习习惯之外，家长还应该注重孩子的性格培养。

3. 青春期

此时孩子心智飞速发展，陪伴则弥足珍贵。

感谢班主任李小红老师发明的记事本。女儿会在记事本上记下每日心得，家长随心所欲地跟帖。实践证明，这个记事本非常好，家长能与孩子建立稳定的亲子关系并陪伴孩子顺利度过青春期（没有的可以建议老师弄一个，其实就是与孩子的书面交流，如图）。

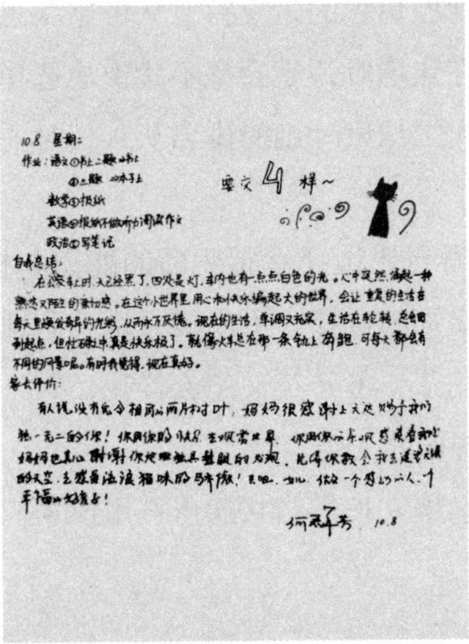
10.8 星期二
作业：语文①书上二题 [illegible]
②二题 [illegible]
数学①报纸
英语①报纸 [illegible] 阅读作文
政治①写笔记
要交4样～
自我总结：
在公交车上时，天已经黑了，四处是灯，车内也有一点点白色的光。心中突然涌起一种熟悉又陌生的亲切感。在这个小世界里用心和快乐编起大的世界，会让重复的生活每天里焕发奇异的光彩，从而永不厌倦。现在的生活，单调又充实，生活在轮转，总会回到起点，但快乐其中真是快乐极了。就像火车总在那一条轨上奔跑，可每天都会有不同的风景呢。有时我觉得，现在真好。
家长评价：
有人说没有完全相同的两片树叶，妈妈很感谢上天赐给我们独一无二的你！[illegible]
[illegible] 10.8

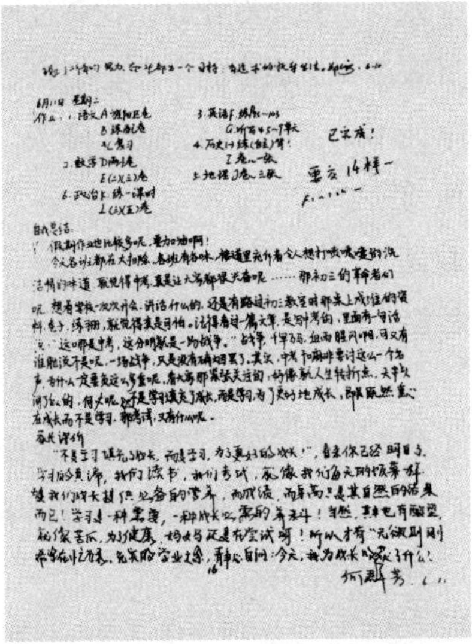
[illegible]
6月11日 星期二
作业：1. 语文 [illegible]
2. 数学 [illegible]
3. 英语 [illegible]
4. 历史 [illegible]
5. 地理 [illegible]
6. 政治 [illegible]
已完成！
要交14样～
自我总结：
假期作业也比较多呢，要加油啊！
[illegible]
家长评价
“不是学习是为了成长，而是学习，为了更好的成长！”，看来你已经明白了。[illegible]
[illegible] 6.11

青春期孩子的问题，可以向老师取经但不要盲从，家长才是最了解自己孩子的人，容许他们的瑕疵，也容许他们有自己的小秘密。

高中时期，大多数孩子的成绩都会起起伏伏，女儿也不例外。当她成绩下滑时，我们首先是调整期望值，开始假装不在意成绩，到最后真的不在意成绩了。无欲则刚，这时，她的成绩反而开始大步向前。这一时期，建立有效的亲子沟通关系是我们家的主题。当女儿面对压力产生各种不适应时，我们都会及时沟通，耐心开导。

所谓等待

我真不是谦虚的清华妈妈，幼儿时我会为她比其他孩子慢半拍而担忧，然后选择了与她一起玩乐让她快一点儿再快一点儿；小学时我对她最大的希望就是保持中间成绩，不至于因拖后腿被老师嫌弃，被同学欺负；初中我鼓励她认真学习历史（明智）学科，尽管当时她的数学成绩掉至班级最后；高中时建议她不要浪费学校那么好的教育资源，虽然她是理科实验班，但要把握文科学习机会；高二时建议她选文科但仍然理解她的理科决定，她笃定临床专业时，我有过担忧但更多的是支持，认可她深思后的决策。故当身边很多同学在卷绩点、在焦虑时，她会毫不犹豫地选择那些她想学而不是容易拿高分的选修课，大二结束时她的排名从入校时的中等到年级前茅。

教育的目的就是让我们的孩子获得自由选择幸福生活的能力和权利，不被社会大浪深度裹挟，学习应该是幸福的选择，不应该只是功利地为了一所大学和一个分数。慢养孩子静待花开，不开花又怎么样呢，做一棵幸福的小草也未必不好，只要这是他们想要的人生。

清华四川招生组老师曾总结清华学生家长们的共通点：用孩子们喜欢的方式有质量地爱！

所谓守望

知乎上曾有一篇很火的帖子：与孩子多远的距离才是幸福的？

我也曾加入讨论：当有一天我们垂垂老矣，面对带着呼吸机在急救病房等待远归的孩子时的那份焦灼，我们能否守住初心，穷其毕生只为了将孩子推向一个更远的未来？

我也曾给兰西小屋那篇热帖点赞：凭什么我们辛辛苦苦带大的孩子最终却远走他乡沦为资本的打工仔？

而孩子终将会离我们越来越远。未来，孩子离我们有多远才是幸福的呢？其实，这本身就是一个伪命题！

当初，我想要的不过是她能幸福和健康，这就够了。只要是她选择的，只要她觉得有意义有价值而无悔此生，那就够了！

就像当初我爱你——没有什么目的，只是爱你！

作者简介：何群芳，女，会计。女儿现为2018级清华大学协和临床八年专业学生。

孩子成长　快乐陪伴

吴洪波

按照教育专家的解读，父母双方的原生家庭对孩子教育培养有重要的影响。林林的爷爷，对我们就是正面传统教育。我们夫妻二人相亲相爱、相互包容、彼此理解、积极向上。

我在孕期养成不熬夜、健康饮食、适当运动的习惯，实施科学胎教，时时保持愉悦心情。

婴幼儿期建立安全感和培养个性

儿子（林林）出生后，我和爱人的第一要务是给予孩子足够的安全感，身为妈妈的我更是责任重大。那时候，上班路程远，挤时间回来给宝宝喂母乳。东北的冬天非常寒冷，地面冻得特别光滑，为了赶时间，我来回骑自行车也不知道摔倒多少次，但回到孩子身边，我希望自己永远是最温暖幸福的那一个。

爸爸在育儿中的角色也非常重要，一定要参与到陪伴、教育孩子的过程中，让孩子学习父亲身上的勇敢、坚强、担当等品质。在婴幼儿时期，家长要多陪伴孩子，多和他互动、游戏。在孩子需要的时候，哪怕是深夜，家长也要第一时间出现在他身边安抚他。这一时期，我经常给孩子放一些经典儿歌，给他讲传统故事、英雄人物事迹，陪他玩儿益智玩具，等等。我每天坚持给儿子讲睡前故事，这个习惯一直坚持到他小学三年级。

3—6 岁是培养孩子性格的关键期，我们想让他成为一个坚强、努力、善良、阳光的孩子。他爸爸会经常带着儿子疯玩儿，带他运动，偶尔父子俩一起挑战一些探险类的游戏；我教他识字，背诵经典诗词，给他讲中国传奇故事，鼓励引导他多读书，潜移默化中，儿子养成了爱读书的好习惯。我们会利用假期带孩子旅游，到各地参观名胜古迹，开拓孩子的眼界。

学龄期讲规矩养习惯

上小学前，我们对孩子要求是尊敬老师，团结同学。直到现在他上大学了，我们对所教过他的每一任老师都不直呼其名。这种做法其实很有必要，让孩子真正做到从心里去尊敬师长。

上小学后，每次放学回家，我们要求他认真完成作业后，再看电视；周六周日放假，周五能完成是最好的。我们时常让孩子用“角色扮演”的方法复习功课。我家里墙上有块黑板，林林有教棒、粉笔和书本，我和他爸假装是他的学生，我俩认真听讲。他会讲自己学过的知识，也会绘声绘色地讲他在学校的所见所知。有时候黑板写满了，我还主动擦黑板，互动得很有趣。

记得林林 6 岁的时候，我看到去网吧玩儿游戏的孩子们越来越多，当和他玩耍时，我就特意把话题引到网络游戏上，告诉他网络游戏的危害，让他明白，面对网络游戏需要很强的个人自控力，绝对不能沉迷其中，荒废学业，危害社会。为了让他感受的更深刻，我专门带他进网吧，当时的情景是从十来岁的学生、二十来岁的男女小青年，到四十多岁的成年人，抽烟的、打闹的、大声说脏话的比比皆是。从网吧出来后我对他说，这样的人如此下去，国家能强大吗？随着他渐渐长大，他能正确对待网络游戏，能够正确分析网络对我们生活的利与弊。

小学培养特长兴趣

培养兴趣特长需要根据各自的家庭情况来选择，如果条件允许可以让孩子多学一些，如音乐、美术、运动、口才等，主要是培养兴趣树立信心，锻炼孩子在公共场合不怯场的能力。在兴趣班，我时常叮嘱儿子要认真去学，用较短的时间学会技能，这样我们有更多时间，去做其他更有意义的事。闲暇时，我们一家人或骑车或开车到农村、山林、公园，尽情放松的游玩。

儿子最大的爱好是看书，家里的书有两面墙之多。他在闹市、火车上都能看自己喜欢的书。他善于表达，经常和我分享他的读书心得。我时常夸他朗诵时的声音好听、响亮，词语重点音把控得好，肢体动作优美。家长越夸赞孩子，他就会向家长所希望的方向发展。在家庭聚会时，我会鼓励孩子把学到的才艺在亲友面前展示，他天真童趣的表演，总能赢得大家掌声和夸赞。记得林林三年级去北京时，我为了培养他独立思考和解决问题的能力，让他自己学坐车、订票、导航，感受身边的新鲜事物。

结合自身的教育经验，我给家长的建议：你对孩子的兴趣培养，主要是信心鼓励和积极正面引导。

青春叛逆期人人有之

随着儿子年龄增长，我们把孩子要当成朋友，平等相待；允许他和家长争辩对立，尊重并表扬他对的观点。初中后进入青春期，儿子个头高了，思想也逐渐成熟，对事物有自己的认知力和判断力，挑战父母权威，逆反情绪时常在线，这都是正常现象，是成长的必经之路，人人如此。这个时期，家长要耐心和孩子沟通，可以把你对他的爱毫无保留的表达出来，如他学习时，我会给他弄些水果、倒杯茶水，缓解他的学习压力。当然，父母双方也要营造融洽的家庭氛围，陪孩子度过青春叛逆期。初二上学期的一次期中考试，老师因失误把他正确的题给判错了，导致他成绩滑落到 20 多名，他情绪低落、懊恼。我多言相劝：老师也不是圣人，出现失误再所难免。他仍纠结其中，还顶撞我，我高声训斥，他也丝毫不示弱。冷静之后，我逐渐理解他，理解青春的叛逆。随着课业的增多，儿子的学习越来越紧张，他每晚都学习到 12 点，有时会学习到凌晨 1 点。作为家长，我们担心他的健康和学习效率，但是儿子用实际行动向我们证明了他的努力并没有白费。我们也只能给予他更多的理解、支持和爱。我们会鼓励孩子积极参加班级活动，与同学分享学习心得。

家长可以带孩子到他心目中的大学游玩，通过深入了解，孩子会更坚定地向着目标努力。

进入高中用心陪伴

初为父母，经验甚少，家长必须加强自我学习，才能和孩子一起进步。反问一句，家长们天天要求孩子做好这个那个，我们做得好吗？

从儿子进入高中起，我要求自己放下手机，拿起书本认真研读，把自己的所学所感与儿子交流，找到共同话题。我积极参与班级和学校的活动，经常给家长提建设性的建议。为了及时了解高中教育的各项政策，我经常向上届优秀的学生家长请教，分析各种信息，厘清高中陪读的思路。

陪读期间，我每天坚持做四菜一汤，帮助儿子收集、整理、打印资料，房间布置激励条幅，花草相伴、书香弥漫。这一时期，我的主要任务就是尽心尽力为儿子做好后勤保障工作。同时，我给自己制定了读书、练字、朗诵、健身等计划，为的是充实自己的生活，时刻保持思路清晰。

感谢生活能让我陪你度过高中 3 年，孩子因你——我付出、我高兴、我自豪！

儿子能有今天的成绩，靠的是他勤奋的努力。这些年，儿子的兴趣爱好也充实着他的生活，他曾获乒乓球小初学生组团体金牌；他初中时，参加市教育局举办的“读书”活动获“文化大使杯”；高中阶段，他连续两年获最佳优秀辩手的称号。

感谢清华大学

感谢清华师生，是历代的辉煌传承，是你们的优秀感染了林林同学，愿他不忘初心，努力前行，在园子里每一天都是积极向上的。加油清华师生们，国家正需要你们，中华民族崛起正需要你们!

作者简介：吴洪波，女，教师。儿子高中毕业于吉林省延边第二中学，现为清华大学2020级行健书院土木班学生。

父亲手记："鹰"和"咯咯"

况星尧

儿子出生后，初为人父的我用文字零零碎碎地记录下了一些儿子的成长过程，我曾记录他出生后的前 3 个月睡眠昼夜颠倒的日常，创作了《小儿夜不宁》和《最真的笑和最真的哭》等小短文。

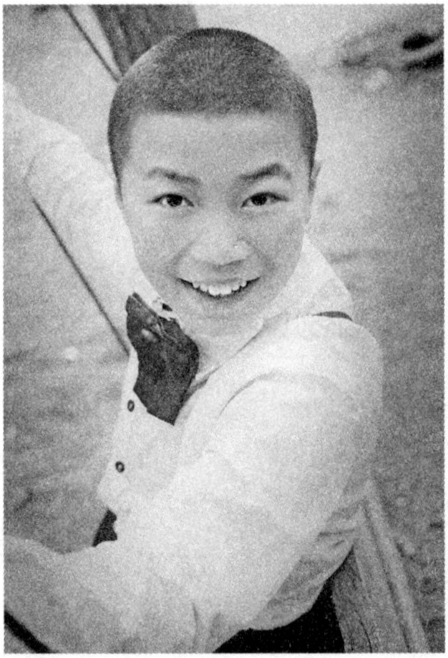

儿子 10 个月时，已经能够站立，还会用一个字表达自己的想法：看见我和妈妈、外婆等家人就伸出肉嘟嘟的小手喊"抱"，在屋里待久了，就会嚷嚷着"走""走"，意思是让我们带他到室外空旷的坝子上去……

12 个月时，他已经有自己的想法，想坐车了，就说"车""车"，瞧见在大瓷盆水里游来游去的鱼儿就异常兴奋，"摆摆""摆摆"叫个不停。

13 个月时，他还只能扶着凳子走，虽然不需要大人的帮忙或辅助。慢慢地，他试着放开凳子晃悠悠地走，没走几步就扑进妈妈、我、外婆等亲人的怀抱里。没一会儿，他又挣脱我们的束缚，试着自己走，同样是没走几步，又一下扑进我们的怀里。

那段时间，儿子乐此不疲地练习着走路，终于能独自地走上几步了，那是什么感觉呢？摇摇晃晃地迈出了人生的第一步，或许并不是那么的困难吧！我想对你说："儿子，路要走稳走好，是一个漫长的过程，是一个勤奋不已、千锤百炼的过程。"

儿子的语言发育在外公、外婆、舅舅、舅母、幺姨，甚至小表姐（舅舅的女儿）的熏陶下得到了充分的锻炼。小表姐比他大近 8 个月，在儿子能较为清晰地喊"妈妈""爸爸"的时候，小姐姐已经能够流利地说一些短句了。儿子在他们的训练下，咿咿呀呀学语。我有时候会教儿子看墙上的字画、数字、拼音、地图等，他每天有模有样地学习。

在 2001 年春节前，儿子已经可以说好多词了，如"太阳""月亮""星星""山""石""土""田""风""雨""雷""电"以及"洗澡""吹泡泡""蹦蹦跳"……那时，儿子 14 个月吧，偶尔还能断断续续地哼上几句儿歌。

2001 年 3 月 12 日，不到 1 岁半的儿子和他的外婆一起来到我工作的小城。当时我正在办公室里看书，突然听到儿子脆生生的喊了一句："爸爸!"我惊喜地抱起儿子，亲了又亲。我开心地把他举过头顶，这时，儿子恰好看到墙上的一幅画。他像突然发现"新大陆"一样直喊"咯咯"……"幺儿，什么是'咯咯'?"儿子用手指了指墙上的那副画。原来是他把画上那只展翅翱飞的鹰，看成了"鸡咯咯"。我说："幺儿，那不是鸡咯咯，是鹰。""鹰"，儿子回应了一下，就跟外婆到外面玩耍了。不一会儿，他又蹿进办公室，抬起小脑袋怔怔地望着那幅画，又叫："咯咯。"

我已经记不得这幅日历画是谁送的。办公室每年都会挂着类似的日历画，画上总会有一只飞翔的鹰，配以长城、松树、旭日东升，还写上四个字——大展宏图。

在儿子的眼里，"鹰"和"咯咯"是一回事，有尖尖的嘴，有爪，有翅膀和羽毛。所以，他认为“鹰”就是“咯咯”。其实不同呀！鹰的体格比“咯咯”壮硕得多，更有如唐朝诗人白居易在《放鹰》中的描述：“鹰翅疾如风，鹰爪利如锥。”爪利如锥，翅膀博大有力，且能“击长空”“破万里浪”呢！大展宏图，就是这个意思。鸡，嘴短，翅膀短，不能高飞，能“大展宏图”吗？

但，请原谅吧！请原谅我的孩子，他区别事物绝没有大人这样“细微”，绝没有大人总爱带上浓烈的人为色彩。他，毕竟仅有16个月！

其实，站在事物的本源，应该说“鹰”与“咯咯”是一回事，都属于鸟纲。这件小事给我的启发是以后看待事物也该学学我的孩子，尽量朝着事物的本源看，不要罩上过于复杂的情感，不要过于追逐世间的浮躁与华丽。

有时，我会悠闲地坐在阳台的椅子上，当看云卷云舒的时候，可能会无意识地去搜索天空中鹰的翅膀，或听听其响亮的叫声。而我那“散养”的儿子，这时正在农家的小院里，天真无邪地追逐着“鸡咯咯”呢。

我会不自觉地想到汉代韩婴在《韩诗外传》中所说的“鸡有五德”。文曰：“首戴冠者，文也；足搏距者，武也；敌在前敢斗者，勇也；得食相告，仁也；守夜不失时，信也。”韩婴把鸡的文、武、勇、仁、信“五德”，表述得淋漓尽致。

“儿子，你长大了到底是天空中翱翔的雄鹰，还是农家小院里扑腾腾飞的‘鸡咯咯’呢？”我出神地思考着儿子的未来，并坚定地想：我要精心地呵护儿子的内心和本性！

儿子，你的未来若不想做“击长空”的“鹰”，为“五德之鸡”，有德之士，也足矣。

作者简介：况星尧，男，从事建筑业管理工作。儿子高中毕业于重庆市巴蜀中学学校，现为清华大学2018级美术学院交通工具造型设计专业学生。

保持好

每个优秀的孩子背后都有一个自律的家长

让孩子成为更好的自己，让我们成为更好的我们

在微笑中奔跑

屈志辉

时光荏苒，白驹过隙。当初牙牙学语的小婴儿已长成阳光帅气的大男孩。回首一路的点点滴滴，总结起来就是“心中有爱，眼中有光；迎着太阳，一路向前”。

儿子刚出生时，妈妈来照顾我。那时正是一年当中最热的时节，所以妈妈不同意白天给孩子穿尿不湿，怕捂出痱子。可是那么小的孩子要小便也不会提前通知，不用尿不湿怎么解决小便问题？妈妈说：“训练呀！别看孩子小，聪明着呢，什么都明白，只是不会说罢了。只要每隔一段时间把他抱起来小便，几天后他就可以领会你的意图，也会习惯这个间隔时间来排便。”（现在对新生儿的排便护理方式可能会有不同，这里我只是列举我家老人的经验之谈，科学的新生儿排便护理方式请咨询专业人士）我觉得不太可能，所以不动声色地观察着。没想到 3 天后，儿子真的被妈妈训练出定时排便的习惯。看着这个变化我惊讶不已，觉得刚出生几天的婴孩却能领会大人的意图进而养成习惯，简直太神奇了。妈妈却理所当然地说："你可别小看小婴孩，从出生那一刻，会哭、会笑、会睁眼睛、会挥舞双手双脚，当然也会思考、会感受、会有认知的，只是还不会说话，所以不能表达、不能告诉你罢了。"听了这番话，我想起普德曼曾经说过，"播种一个行为，你就会收获一个习惯；播种一个习惯，你就会收获一个个性；播种一个个性，你就会收获一个命运"。亚里士多德也说过，"习惯实际上已成为天性的一部分"。从那时起，我就决定要有意识地帮助儿子从小养成良好的习惯。

随着时间的推移，儿子在一天天地长大，一些习惯也在逐渐养成，比如认真不马虎、专注不分心、持之以恒不心血来潮、有始有终不半途而废……体现在生活中就是雷打不动的睡前故事，玩儿完玩具整理摆放整齐，看动画片时会心无旁骛地看完一整集……可以看得出来，在学龄前这个阶段，我更多的是对他生活习惯的培养，但是好多事情是相辅相成的，看似是生活习惯，其实在之后的学习习惯中也有体现，而且帮助很大。所以训练孩子要趁早，在孩子还小，还没有形成自主思考、形成定式，还不叛逆，还愿意、甚至喜欢配合家长要求的时候就给他养成良好习惯，这样在孩子大了的时候已经有了固定模式，家长省心，孩子开心，亲子关系其乐融融。

生活的脚步一路向前，我们一家三口也在欢笑中奔跑到了儿子上小学。开学第一天，去接他放学之前，我先找到班主任，向她询问完成家庭作业的时长，老师说不超过 40 分钟应该能完成。于是在回家的路上，我告诉他："回到家里放下书包去洗澡，在写作业之前如果想喝水、想去厕所、想吃东西都先解决好，一旦坐下来开始写作业直到作业写完之前都不可以离开椅子，我问过老师了，她说作业最长不可以超过 40 分钟完成，正常

30分钟就能写完，妈妈觉得你30分钟就能完成，你觉得呢?”儿子大声地说：“当然了。”我说：“不仅速度要快还要写得正确和工整。妈妈去做饭，你去写作业，咱俩要自己做好自己的事情哟。”

从这一天起，他开始养成独立、高效、认真地完成家庭作业的习惯，直到高中毕业我都没有陪他写过一次作业。我想父母不可能一直陪伴、辅导孩子写作业，与其让孩子习惯了陪伴、辅导却又半路退出，莫不如一开始就让他养成独立完成作业的习惯。

第二天，儿子写完作业让我检查并签字。我说：“学习是你的事情，写得对不对，工整不工整是要你自己去检查的。”他说：“这是老师要求的，家长检查签字后明天才可以交给老师，这是老师留给你的作业，你要认真检查，工整签字才可以哟。”说完还得意地昂起了头。我想这样不行，如果写完作业家长负责检查，肯定会让孩子产生依赖心理，考试的时候难道也能让家长给检查?只有让他自己检查，并且在检查中发现问题，进而促使他思考。于是，我对他说：“学习是你自己的事，写作业、检查作业是学习的一部分，所以你应该自己检查，而且考试的时候也需要检查的，那时候你不也得自己检查吗?在家里写作业、检查作业都是为考试时取得好成绩做练习的，如果作业由妈妈给你检查，你就会缺失这部分的练习，到考试时你就可能因为检查工作完成得不好，而影响成绩。”儿子迟疑地说：“可是老师说让家长检查啊?”我说：“老师可能觉得先让家长帮助检查一段时间，等同学们自己学会检查后再自己完成。可是你会自己检查呀，幼儿园的作业不都是你自己检查吗?昨天的作业不也是你自己检查的吗?所以妈妈觉得你这么聪明的小孩完全能够做好，妈妈可以帮助你签字。”就这样，他慢慢养成了做完题后认真检查的习惯，而我也没有为他检查过一次作业。

在小学阶段，我们更多的是培养孩子的学习习惯，包括上课认真听讲不溜号，课后独立完成作业并认真检查不拖沓，对知识的掌握举一反三，等等。俗话说习惯成自然，好的学习习惯有利于建立稳定的学习规律，每一天应该做什么，怎么做，自然而然地按部就班进行，不会杂乱无章，也不会无所事事，一切按习惯去做就好。

结束6年的小学生活，他在微笑中奔跑到下一站——初中。

爱因斯坦说过，“兴趣是最好的老师”。初中阶段相对于小学学习的科目和内容都有增加，怎么让儿子平稳度过这一阶段？我们决定从兴趣入手。在升入初中前的暑假，我们就有意识地陪伴、引导他看央视科技频道的《我爱发明》《探索发现》《自然传奇》等栏目，让他对物理、化学、地理等科目有个初步的了解，同时带着儿子一起玩儿一些具备物理知识的小游戏，比如陀螺、纸飞机、不倒翁、牛顿摆……让他在玩儿中体会物理的神奇，从而引起他探索、学习的兴趣；在化学方面，我们会带着他一起背元素周期表，常用的、不常用的、短式表、长式表、特长表、立体周期表等。由于他小时候背过圆周率，当他知道化学也有一个这么神奇有趣的知识点时，一下子就被吸引了。他在不断地了解、深入和拓展中对化学产生了深厚的兴趣，进而不断地学习。

到了初三，《红楼梦》的阅读成了他的一个大难题。四大名著中的其他三部，儿子在小学阶段就已经读过几遍了，包括改编的动画片、电视剧、小人书、漫画书等耳熟能详，唯独《红楼梦》引不起他一点儿兴趣，每次都是翻读几章就再也看不下去了。可是《红楼梦》是中考的必考内容，不熟读怎么回答问题？我想了几天之后，决定采取先听评书这种不同于动画片、电视剧的艺术形式来引起儿子的兴趣，第二天再阅读前一天评书所讲的章节，边阅读边参照历史图谱的形式画一个《红楼梦》的人物关系图谱，阅读中每出现一个人物就在图谱相应位置添加上去，这样读起来就能更直观明了人物脉络，也更容易记住人物关系，同时运用多种形式也能避免学习中的枯燥。就这样，一本《红楼梦》读下来了，最后又看了一遍电视剧回顾全书，至此对《红楼梦》的抵触完全破解，在中考时出现的相关题目全部拿下！

儿子一路高歌，在微笑中奔跑进了高中校门……

到了这个阶段，他的生活习惯、学习习惯等早已养成，一切只要按部就班就好。所以高一、高二的每个寒、暑假我们一如既往地安排国内、国外旅游，读万卷书也要行万里路，没有因为面临高考而停下，所以儿子没有感受到一点儿紧张和压力，假期开开心心地玩儿，开学认认真真地学，所谓“磨刀不误砍柴工”就是这个道理。

直到2020年，一个对所有人来说都不平凡、也刻骨铭心的一年。我们先是因为突如其来的新冠肺炎疫情取消了旅游行程，接着是学校没有按时开学，学生们休了一个加长版的寒假，再就是传统的教学模式改为网上授课，这些虽有些措手不及，但还能够接受。直到高考延期一个月的消息公布，儿子一下子就不淡定了，就像一个长跑运动员，从枪声响起的那一刻，整个赛程中的时间、节奏、用力已规划好，眼看就要向终点冲刺了，却突然将终点线向后延长，整个安排被打乱，人也完全懵掉了，不知道接下来该做什么。我发现他这个状态后，马上让他停下了所有无序的“假勤奋”，同时跟他讲，人的一生会遇到很多事情，就像这次的疫情，打了所有人一个措手不及，但是不能沉迷在坏情绪里不出来，要积极地去应对。就像医护人员，一方面救治被感染的病人，一方面要研究对抗疫情的方法及药物；就像老师，一方面继续完成教学任务，一方面要学习适应线上教学的软件和形式；就像商务部门，一方面要做好防护积极调运，一方面要改变销售模式保障民生；就像你，一方面要接受高考延期的事实，一方面也要积极调整学习节奏和计划，不能消沉茫然下去。这次疫情全国人民都没有被打倒，你也不能被打倒，接受国家因为疫情而做出高考延期的决定，这是你为抗疫在做贡献，做好了，你跟为抗疫而努力的各界群众一样是“最美的人”。谈过之后，我让儿子休息了几天，不要想学习，只做自己喜欢的、能让自己高兴和放松的事。他找来喜欢的地图册随时翻看，看了几场球赛，每天睡到自然醒，看着他的眉头逐渐舒展，脸上也有了笑模样，话也多了，我知道这个“坎儿”过去了，可以“翻篇儿”了。不出所料，吃饭的时候，孩子跟我说：“妈妈，这几天让你担心了。放心吧，然后，相信我。”我说：“妈妈一直都相信你，你也从来没让妈妈失望过，你永远是妈妈的骄傲!”

当7月8号最后一科考试结束后，儿子微笑着快步走出考场，给了我和他爸爸每人一个大大的拥抱，我知道，一切结束了……一切又刚刚开始……

作者简介：屈志辉，女，公司职员。儿子高中毕业于长春吉大附中实验学校，现为清华大学数理基础科学专业学生。

用心陪伴孩子成长

史秀平

儿子出生于2002年，2017年他以全县第一的成绩考入衡水第一中学，现就读于清华大学物理系。

常言道，家庭是人生的第一所学校，父母是孩子的第一任老师。孩子一生的发展，家庭教育起着至关重要的作用。作为父母，我们教育孩子的同时，自己也在学习和成长。一转眼，儿子已经十八九岁了，回首与他一起成长的经历，我有一些切身感受与大家共同分享。

培养孩子认真做好每一件“小事”的习惯

亚里士多德曾说过，“优秀是一种习惯”。每一个成功人士都是从小事做起，从细节做起，于细微之处见精神。连小事都做不好的人，注定不会有所作为。儿子很小的时候，我就培养他认真做好每一件小事的习惯，并且告诉他，事情不分大小，如果你选择去做，那么小事也就当成了大事。不做则已，一旦决定要做，就一定要认真把它做好。

记得儿子刚上一年级的时候，我建议他学写日记。刚开始他写不了几个字，我就陪同他一起完成，他在旁边说，我执笔写。过了几天我让他自己试着动手，不会写的字，用拼音代替，没多久他就能独立完成一小篇日记了。从开始三言两语的日记，到后来增加一段话，两段话……

他这样一写就是9年，日记本不知写了多少个。虽然写日记是一件小事，但是他坚持下来了，并且做得很好，这对他后来的阅读和写作帮助很大。

来到衡中，儿子对物理奥赛特别感兴趣。我们来自县城，对于奥赛既不了解，也没有基础，于是我和他爸跟他商量：“如果选择了，就要认真去学。”他当时就说：“如果我选择了，我知道我该做什么，请爸妈放心。”这一学就再也没有放弃，两年多来，儿子从没休过假期，不管多苦多累，毫无怨言。从入门小白（指对某类知识完全不懂的新手）到拿到“第三十六届全国中学生物理竞赛决赛”的银牌，虽然他说没有拿到理想的成绩，但我们知道他努力过了，认真去学了，认真去做了，就无怨无悔。

细节决定成败，平凡成就大业，只要我们能把自己选择的每一件小事做好，就能实现伟大的梦想，成就不平凡的人生。

培养孩子的合作精神

“一根筷子容易折，一把筷子难折断”，“众人拾柴火焰高”，这些道理浅而易见，但家长们往往会忽略对孩子的合作精神的培养。

在他小时候，我给他讲得最多的是《瞎子和跛子》的故事：一个瞎子和一个跛子，被大火包围在一座楼房里，危在旦夕，眼看只能坐以待毙，但身体健全的瞎子和眼睛完好的跛子，却聪明的组合成一个完整的“身体”，瞎子背起跛子，跛子指路，终于从大火中死里逃生。这个故事恰恰说明了合作的力量。

儿子刚开始接触物理奥赛的时候，学起来非常困难，但他从不言弃。有教练的指点，有队员的合作，他和同学们一起“摸爬滚打”，他拜了刘同学为师父，还结成了学习小组，有难题一起商量，一起讨论，一起攻坚克难，在教练的点拨下，在孩子们集体智慧的发挥下，一道道难题迎刃而解。

一个人的能力是有限的，但每个人都有自己的长处，如果合作起来取长补短，就会使自己的能力倍增。比如做一道题，你有一种方法，我有一种方法，交换一下就会有两种方法。世界上第一颗原子弹的研制，如果没有爱因斯坦、费米、西拉德和罗斯福等人的共同合力，那团辉煌的“蘑菇云”就不可能冉冉升起。

培养孩子的竞争意识

当今社会节奏快，各行各业竞争激烈。我们家长需要培养孩子敢说敢断敢行，敢于竞争的精神和能力。含而不露固然是一种美德，但该毛遂自荐时，坚决不能退缩。

上小学时，学校大大小小的比赛我都支持他去报名参加，并告诉他要敢于挑战自己的不可能。

2013 年，儿子只有 11 岁，我给他报了 ACTS 中国校园综合素质能力竞赛。县里只有他一个人参加，举办方不让家长陪同，我和他爸只能把他送到石家庄，尔后他跟市里的孩子们坐上大巴一同去北京参加了为期 5 天的全国总决赛。这是儿子出生以来第一次自己出远门，虽然有老师和其他孩子同行，但他爸爸是一百个不放心。经过儿子的顽强拼搏，最后取得了 ACTS 中国校园综合素质能力竞赛数学探究与应用全国总决赛金奖的好成绩。我们都很欣慰，感觉他长大了。

他读初中一年级的时候，我县举办识字大赛，当时他的识字量也就正常孩子的范围。报名之后，精神上我和他爸给他鼓励和信心，行动上我们也在尽力帮忙，在网上找了许多他不认识的汉字，帮他制定计划，该怎么记，每天记多少，让他去记去读并按时抽查，最后他获得了全县特等奖。

2019 年，儿子因参加奥赛培训，从 6 月 4 日到 11 月 3 日，5 个月的时间里高考课程一点没学，奥赛成绩也不尽如人意，加上高考仅剩几个月的时间，他有些沮丧，几近崩溃。从杭州回来的路上，我用心开导他，举例讲解一些名人在挫折面前坚强前行最后成功的事迹，比如保尔的坚强，海伦·凯勒的执着，以及鲁滨逊的乐观，他们用不同的方式与挫折抗争，竞争自我。儿子在我的耐心开导下终于释怀，也明白了“给挫折一个微笑，给自己一个机会”的含义。在各科老师的悉心照顾和他自己的不懈努力下，各科成绩提升很快。特别是教数学的王老师，有针对性地跟每一位奥赛生进行了交流谈心，让孩子们用最快的速度进入了备考状态。总之，只要我们家长、老师和孩子形成合力，孩子的学习一定会硕果累累，绽放光彩。

家长朋友们，我们的每一个孩子都是一座力量和智慧的宝藏，只要我们敢于做时代的领跑者，都可能是奇迹的创造者。让我们培养孩子敢于竞争、善于竞争、勇于竞争的好习惯，伟大的梦想就在我们的大胆追求之中实现。

以上是我在教育孩子方面的一些浅薄之见，我认为，教育孩子没有固定的模式和方法，只要用心，便是最好的方法。

作者简介：史秀平，女，中小学高级教师。儿子高中毕业于衡水第一中学，现为清华大学2020级物理系学生。

和风细雨用心相伴　水到渠成静待花开

卫郭庆

2019 年的高考终于尘埃落定，儿子以理想的成绩圆梦清华。我和爱人也跟着沾了他的光，成为大家眼中“别人家的父母”。许多怀揣梦想的家长朋友慕名而来向我求取“真经”，我和爱人却真的爱莫能助，因为家长们想要的只是“立竿见影”的捷径。回想陪孩子一起走过的时光，我感觉教育就是一个“润物细无声”的漫长旅程。孩子成长的每一个阶段都需要父母倾注爱心，承担责任，绝没有任何的捷径可走，也没有任何组织或个人可以代替。凡是把陪伴孩子成长的责任转嫁给任何别的组织或个人的大多都会以悲剧收场。诚然，每一个孩子都是唯一的存在，发生在一个孩子身上的成功是绝对不能复制在其他孩子身上的。但是我感觉有几条重要的规律是值得家长朋友们重视的，但愿能给你们一些启发。

我和爱人都是乡村中学的教师，儿子从幼儿园到初中，接受的都是最

普通的乡村教育。我们夫妻二人从来没有给他提出过什么硬性的学习目标，也从未想过他会考上清华。一路走来，他总是带给我们一个又一个的惊喜。学习从来都是他自己的事，我们从未费过心，伤过神，也没给他花钱上过文化课补习班。有人说他天生就聪明，但是一路陪他走来，他在学习上所付出的努力与艰辛，我们也是看在眼里疼在心头，儿子能取得这样的成绩绝不是偶然。教书 20 年来，我亲眼目睹了许多家长与孩子之间艰难的博弈，最终还落得两败俱伤，身心俱疲，令人不胜唏嘘。从家长和教师两个角度分析，我感觉我儿子与其他孩子的差别不在智商而在习惯，“三岁看大，七岁看老”孩子小时候的行为习惯将会潜移默化影响其一生。学习是一件终生的事情，不能急功近利。很多习惯在幼儿园或小学时期抓好了，后面的事情就顺理成章、水到渠成了。否则，陪读的过程必然是鸡飞狗跳，伤痕累累。

儿子的求学之路走得很轻松，我认为这主要得益于以下几点。

保护好奇心

自从呱呱坠地的那一刻起，每个孩子都无时无刻不在用自己的感官搜集着来自外部世界的信号，这就是好奇心，也是求知欲的源头，幼儿期表现得尤为突出。记得那年搬新家，我把新买的万年历调试好了挂在墙上，然后就去忙别的事。突然听到母亲的呵斥声，我赶紧跑出来便看到眼前的一幕：4 岁的儿子踮着脚尖站在凳子上，一手扶着墙，一手拿着螺丝刀使劲儿戳墙上万年历的按钮，看着它一遍又一遍地闪闪发光，听着音乐报时，脸上挂满了笑容。由于他用力过猛，万年历的按钮竟被戳坏了。母亲一边呵斥着儿子，一边准备飞奔过去制止。看着他一脸愧疚，耷拉着脑袋头也不敢抬的样子，我拉住了母亲的衣袖，走过去蹲下身来，抚着他的肩，微笑着问他：“宝贝，你在干啥?”儿子眼里噙着泪慢慢地抬起头来，一脸疑惑地看着我说：“我就想看看这个盒盒为什么会发光，为什么还会

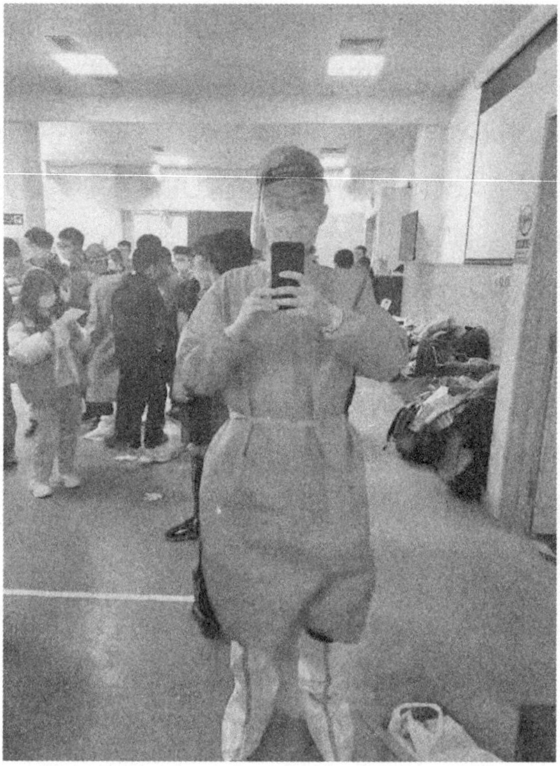

唱歌？没想到……”明白了他的动机后，我就顺势笑着对他说：“爸爸也想知道呀？咱把它打开看看吧？”娃高兴地点点头。于是我俩把万年历卸下来，一点一点打开。儿子瞪着大眼，蹲在旁边看着，小嘴不停地问这问那。我把知道的答案简单告诉他，不知道的答案我就说：“爸爸也不知道，等你长大了再去研究吧！”等到我把它修好挂起来后，儿子才似有所获地离开了。类似的事情还有很多，他为了研究遥控汽车，把姑姑新给他买的遥控汽车拆成一堆零件；他为了制作泡泡水，把一大桶洗洁精倒在脸盆里，弄的卫生间里满是泡泡，自己被埋在泡泡堆里；他为了帮小鸡洗澡，趁人不备，把奶奶养的小鸡放在脸盆里，淹死了好几只；他为了弄明白泥球为啥能沾在墙上不掉下来，下雨天他拿着泥球往别人家的墙上甩，被邻居阿姨追到家里来。有的家长遇到这种情况是绝对不能容忍的，劈头盖脸的呵斥与阻止换来的是孩子的恐惧和对孩子好奇心的扼杀。总之，他在童年时期做出了许多让人哭笑不得的事情，连我爸妈都说我们把孩子惯坏了。我岳父岳母就怕儿子来家，说他破坏力太大。好在爱人和我能达成共识，因为我们能感觉到孩子做这些事情是没有恶意的，他只是好奇而已。无论走到哪里，他的小脑袋里都装满了许许多多的为什么，千奇百怪的问题有时我都觉得他是在故意刁难我。我和爱人总是尽力去回答，如果我真的回答不了我就会告诉他："这个爸爸也不知道，咱们回去查查资料吧。"如果因为他的调皮捣蛋给别人造成消极的影响，我们也会让他去道歉。

实践证明，我们的做法是正确的，好奇心激发了求知欲，孩子在探究的过程中获得了成就感。在后来的学习过程中，他对所有的科目都非常感兴趣，一旦发现问题就会立刻向老师求助，从来不会把疑问留过 24 小时。无论是考试科目还是非考试科目他都研究得透透彻彻，各科均衡发展，从小学到高中，从无差科一说。

培养规则意识

无规矩不成方圆，小孩最容易受外界的诱惑。有些必要的规矩一定要在幼儿期养成，否则进入青春期之后自我意识增强，叛逆心理滋长更难引导。以下几条规则必须早立：

第一，放学后先完成作业才可以出去玩耍。

儿子入幼儿园时就有了少量的作业，有时会是一些手工呀，折纸呀，画画呀等任务。可是放学回家后小伙伴们都在大院里一起玩儿，他也不例外。他们经常会玩儿到无节制，最后都没时间做作业了。有时我想着有空可以替他做一做，但是这样就失去了老师布置作业的意义，另一方面会养成孩子过度依赖家长的习惯，不利于他的成长。于是我就给他讲："自己的事情自己做，而且要把最重要的事情放前边做，做完作业，你就可以毫无顾忌地玩儿，痛痛快快地玩儿，否则你玩儿着也放心不下作业，等别人都睡觉了，你还得熬夜写作业，既没玩儿好又浪费了时间，还影响了睡觉。”说的次数多了，他就渐渐明白我说的是对的，一来二去他也养成了先做作业后玩耍的好习惯，一直坚持到现在，从来不需要家长监督。

第二，玩儿电脑不超过半个小时。

信息时代，电脑成了家家户户的标配。但是问题来了，一方面，基本的电脑操作是人们必须掌握的一项基本技能，如果完全排斥电脑和网络，就会与世界脱节，自废武功，最终被社会淘汰；另一方面，许多大人沉迷网络都不能自拔，更何况是一个对世界充满好奇的小孩子。有些家长视电脑网络如“洪水猛兽”，宁愿自己不接触电脑网络，也坚决不让孩子承受电脑之害；还有些家长是经不起孩子再三恳求放弃原则，导致孩子沉迷游戏不能自拔，最终导致亲子关系失和，全盘皆输。我家的第一台电脑是儿子3周岁半时买的，那时候我所在的农村地区刚刚有电脑，还没有大面积推广。闲暇时间我会在电脑上玩儿一些低级别的小游戏，儿子有时也在旁边看。有一天我忘了关电脑，回来发现他居然趴在电脑上玩儿起了大鱼吃小鱼，用稚嫩的小手压着鼠标，口中还大呼小叫，那叫一个兴奋。没想到这么小的孩子还会玩儿这么复杂的游戏。看到他幸福的样子，我也非常的开心。再后来情况变得失控了，我突然发现他外出玩耍的时间越来越少了，一有时间他就坐在电脑前，有时甚至叫来一大拨小朋友围在电脑边一起玩儿。我开始意识到危险，心里有了些许的不安。经过几天的深思熟虑我和妻子达成了共识，决定给他立规矩。简单给他讲了电脑对眼睛的危害，又列举了我和他妈妈近视眼的痛苦。儿子信誓旦旦地说：“我一定要保护好眼睛，绝对要比你们的眼睛好。”于是趁势我们3个人约法三章，除了我和爱人需要交学校的资料和儿子查资料外，每天每个人玩儿电脑的时间不得超过半个小时，比比谁是家里最遵守纪律的人，最后赢得比赛的人，每个礼拜满足他一个最大的心愿。每次儿子在家时我和爱人都是严格遵守规定。慢慢地他也接受了现实，一天一次，每次30—35分钟，星期天上午、下午、晚上各半个小时。那时候儿子单纯，我们告诉他每次玩儿电脑的时间长短都可以查到，他信了，更加严格地去遵守，久而久之便成为一种习惯。即便后来，他明白了我们在骗他，也还是一直遵守着约定。上高中以后，儿子一周就休息半天，我们也想让他放松，但是他也挺有节制，大概玩儿 1 个小时左右，一到时间就能马上结束。

培养阅读的兴趣与能力

不会阅读就是潜在的“差生”。这几年教育教学改革，在中、高考中开放性试题的比重不断增加。文科的语文、历史、思品自是不必说，即便是数学、物理、化学、生物的题干都是给出一大段文字，先读懂了文字才可以下笔作答。许多阅读能力差的学生读题就花了大量的时间。单凭老师在课堂上教的语文阅读是远远不够用的。我对儿子阅读能力与兴趣的培养纯属偶然，我认为这和家庭环境密不可分。孩子 3 周岁回到我们身边，那时我和爱人都年轻，每天在家里备课，为了上好每一节课，每次上课前我俩会拿着教材和教案反复斟酌，儿子也有模有样拿着自己的一本小画册学我们看书。我们知道他不认字，但是他看着画册上的图片自言自语的读，他读他的，我们也不打扰他。每天晚上睡觉前缠着我们给他讲故事是雷打不动的，不给他讲故事他就睡不着。大灰狼的故事讲完了，就胡编乱造一个，可是重复的故事娃又不愿意听，没办法就买了一本配了图画和文字的故事书，每天和他一起读，直到他睡着。一次偶然的机会我骑摩托带儿子和爱人一起外出，儿子站在踏板摩托车的前面，突然大叫着：“爸爸快看，那不是两个‘山’字?”我顺着他手指的方向看去，原来是路边墙上的大红标语“出入平安”的“出”字。我们非常的惊讶，原来在我们的潜移默化中他已经认字了。后来，儿子会在我们备课时偶尔拿着书跑过来问我们这个字读啥，我们顺嘴告诉他，又各自忙了。

有一次我带着他去书店买我们的教学用书，结账时他自己居然抱了一大堆的书（至少 10 本）也来到收银台。我一下愣住了，一个 3 岁半的孩子他哪能看了这么多书啊？那个女收银员也很好奇，我笑着对娃说：“你能把这些书的名字都读出来，爸爸就给你买。”我的天，他居然一字不差读下来了。由于当时没有带足够的钱，也没有微信和支付宝，我就让他去挑两本自己最喜欢的书，剩下的下次再买，并和他约定以后每人每次只能买两本书，儿子恋恋不舍地把多余的书又放回了原位。这一下我知道他认识的字已经不少了。回到家里他把自己选的书看了一遍又一遍，不认识的字也从我这里得到了帮助。

上小学一年级第一次考试，别的孩子都要老师读完题才能做，他完全可以自己读题。他在学校受到了老师一次又一次的表扬，变得越来越自信。后来，老师干脆给他规定在完成作业的情况下可以把课外书带到课堂上来读。我非常感谢这几位好老师成就了孩子。儿子的阅读量越来越大，买书也成了我们家的一大笔开支。再后来我得知县图书馆可以办借书卡，就带着他去办了一张，每周往返一次。他读的书越来越多，甚至还借了一本纯文言文的《五代史》，我看着都头大，不知他是不是能看懂，他不问，我也不干扰他。因为广泛的阅读，他的语文成绩一直很优秀。初中学历史、思品时，他更轻松。细细想来这真是“无心插柳柳成荫”啊！

培养良好的心理素质

没有谁的人生是一帆风顺的，困难和挫折随时都可能出现，作为家长，心疼孩子却永远无法代替孩子。如果没有一个强大过硬的心理素质，很容易被困难吓倒，尤其是一直在顺境中或者说是在父母的呵护下长大的孩子，经历一次较大的挫折之后就会一蹶不振，甚至可能做出一些傻事而输掉了整个人生。一个人对待学习的态度就是他将来对待人生的态度。一个从农村走出来的娃，他的人生之路可能更艰难。所以我和爱人就有意地对他进行了一些引导，让他多去体验一些失败的经历，锻炼他的抗压抗挫能力。儿子的身体协调性差，初中学校组织班级篮球比赛，他们班实力差，知道上场也是输，索性大家都不上。我就让老师点名让他上，上场一打，输了！这对于赢惯了的他是不能接受的，纠结了好久。学校选人去参加全县朗诵比赛，明知道乡下学校每次都是全军覆没，我还是骗他报了名。一次偶然的机会他接触了架子鼓，开始表现出浓厚的兴趣，我带他找到一个懂架子鼓的朋友，让儿子跟着学习。一个亲戚办了个绘画培训班，我也让他去捧场。这些活动他只是偶尔会拿个小奖，大部分时候都是空手而归。频繁的登台亮相，很多时候怀抱着希望而来，失望而归。这些经历让他真正体会到了山外有山、天外有天。当孩子因失败意志消沉时，父母的心理疏导必须到位，这是最难做也是最关键的一步。此时我和爱人都会陪着他，适时地给他讲一些“尺有所短，寸有所长”的道理。学习别人的长处弥补自己的不足，用欣赏的眼光去看待周围的每一个人，才是人生的最佳状态。另一方面，我们告诉孩子当自己身处劣势时，有胆量站到这个舞台上本身就是赢家，享受参与的过程，学习别人的长处才是人生的真谛。

在我们的引导与鼓励下，儿子看问题越来越理性，参与各种比赛的结果他也可以提前做出较为准确地判断，从来不会因为失败而颓废。每次考完试，他会主动和我们做一个成败分析，接下来一切照旧。就拿升学目标的制定来说吧，高一时，他小心翼翼地告诉我城里的孩子都挺优秀，我的目标是要跟紧他们。高二下学期他对我说：“其实城里学生也不可怕，我有信心超过他们。”高三了又突然神神秘秘地对我说：“爸，我想冲清北!”即便是在高考前夕，他也非常理性，我问他紧张不，他说：“有点，但无所谓，考清北本身就是实力加运气的问题，两者缺一不可，我的实力我清楚，至于运气就交给老天吧。”高考期间，他正常饮食和休息，心态好得出奇。几个和他不相上下甚至比他还要优秀的娃娃却因为高三考试的成绩暂时波动，产生心理压力，有的抑郁了，还有的长达 3 个月不愿到校上课，结果可想而知。所以说挫折教育是必不可少的，一味地想让孩子赢也是不现实的。无论做什么事，能力是一个方面，心理素质是另一个方面。偶尔和孩子聊到“大学生因压力过大而选择轻生”的话题，他会笑着说：“别担心，老爸，你儿子精明得很，我就是混得再差，也不会走这条路。更何况大清华都是神，自己渣一点也是正常的，我能接受。”

泛泛地讲了这么多，真心希望能对大家有所帮助。本人水平有限，请大家多多指教。

作者简介：卫郭庆，男，教育管理工作者。儿子高中毕业于山西省阳城县第一中学，现为清华大学2019级计算机系学生。

那些岁月，我们一起走过

李艳新

2017年，于我，于儿子，注定是不平凡的一年。如果非要给它设定几个关键词的话，我觉得是努力，坚持；煎熬，陪伴；激动，幸福……八月的北京，天空碧蓝如洗。我和儿子一起漫步在清华园的荷塘边，奔跑在紫荆操场，看着儿子青春的脸上洋溢着笑容，带着梦圆的自信与欣喜，我的心中充盈着幸福与满足。回首陪伴儿子逐梦的历程，那一个个看似平常的日子，那一段段共同走过的岁月，此时在记忆中是那样的清晰，那样的深刻！

小学——培养习惯，夯实基础

经常会有家长问起："您是怎样培养孩子的?"其实，世间万事，本无捷径，唯有耐心陪伴，用爱坚守。

儿子 5 岁半就上小学了，在我所任教的学校，但并不在我的班。虽然他年龄小，但是既然上学了，我要求他不论是在学习上、纪律上，还是在生活上，都要和其他同学一样，不能搞特殊化。我始终觉得：以要求学生的标准去要求自己的孩子，会让他更自律；以对待自己孩子的心态去对待学生，会让学生最大程度地感受到老师的宽容。无论是对自己的孩子，还是别人的孩子来说，都是一件幸事。

在小学阶段，我对儿子投入的时间和精力是最多的。检查他的家庭作业是我每天的必修课。在作业的检查与辅导中，不仅可以发现他在知识上的欠缺，还可以洞见他白天在学校的听课状态，从而进行有针对性的指导，督促他养成认真听讲的好习惯。对于完成作业的标准，我的要求是近乎严苛的，小到一个标点，一个错字，都不会轻易放过。记忆犹新的是有一次，我在他 100 分的语文试卷的作文中发现了一个错字，又给他减掉 1 分，他当时气得大哭，说别的老师是"专业挑错"的，而我就是"专业找碴儿"的，让我忍俊不禁。不过，他后来终于懂得：细节，决定成败。知识面前，容不得一点马虎与疏忽。从此，他养成了严谨的学习态度和做事风格。

当然，在陪伴孩子的过程中，家长也不要吝啬对他们的赞美，它有时比批评更有力量!

书籍，是帮助孩子打开世界之门的一把钥匙，良好的阅读习惯会影响孩子的一生。我对儿子从小就注重阅读习惯的培养。从学龄前开始，我会有意识地教他多识字，然后与他一起读书、交流，在亲子阅读中激发他的阅读兴趣。他越来越爱读书，从天文、地理、军事、科学到中外经典文学名著，各种书籍，他都有所涉猎。读书，成为他每天生活中不可或缺的一部分，即便在高三那段忙碌的日子，他也会每天晚上睡觉前抽空读上一会儿。也许孩子们不一定都有机会行“万里路”，但一定要他们努力去读“万卷书”。

阶段感悟：不积跬步无以至千里，不积小流无以成江海。

学习要脚踏实地，一步一个脚印，从小事做起，从细节做起，日积月累，坚持不懈，才能达到目标。

初中——讲究方法，提高效率

因为有小学的基础，儿子养成了良好的学习习惯，整个初中的学习就会轻松很多。

初中科目较多，为了让儿子做好小升初的衔接，不至于手忙脚乱，在小学六年级的暑假，我把七年级的语文、历史、地理、政治和生物的教材借来，孩子就把这些书当作课外读物一样，通读了一遍。此后，每个假期，他都会主动把下个学期的这些教材通读一遍，这样既丰富了他的知识，也能让他对老师要讲的内容做到心中有数，可谓是一举两得。

初中阶段的学习非常重要的一点是及时复习。儿子几乎能自己合理地安排时间，完成老师布置的作业之后，一边整理当天的笔记，一边对当天的知识进行及时复习，做到日清。然后，每周、每月再进行一次阶段性的复习，做到周清、月清。看着他有条不紊地规划着自己的学习，我也渐渐地从他学习过程的参与者成为一个旁观者。不过，都说“旁观者清”，我会默默关注他的学习状态，适时提醒，适时安慰，发现问题及时和老师沟通，保持家校教育的一致性。在期中考或期末考时，为了检验儿子的复习效果，我还会偶尔从书中偏僻的地方，找几道刁钻的小题考考他，来打击一下他的“胸有成竹”。我最喜欢看他自信满满地把书放到我面前说：“老妈，随便考！”那是属于青春年少的自信与轻狂！浮躁了就打击他一下，气馁了就鼓励鼓励他。

这个阶段儿子有了升学的压力，越来越在意成绩，心中暗暗跟自己较起了劲儿，对于排名也有自己的小目标。成绩不理想时，他也会有几分懊恼。我对他最常说的一句话："不要太在意成绩，考好了，说明没白学。考差了，说明没白考。不管怎样，都有收获。"督促他及时调整，补齐短板。

阶段感悟：不登高山，不知天之高也；不临深溪，不知地之厚也。

在学习的路上，总会遇到各种各样的挫折与困难，要敢于面对，勇于挑战，不断成为更好的自己！

高中——心怀梦想，全力以赴

2014年的夏天，儿子以中考全市第一的成绩升入高中，心中那颗梦想的种子也在不断地萌芽。我们所在的城市是一座小县城，每年也就一个或两个孩子能考上清北，有时甚至一个也没有。一次小小的成功，让曾经那个遥不可及的梦，似乎变得触手可得。但梦想与现实之间还有一段岁月——它叫坚持。我鼓励儿子：只要想，就去做。要坚信，从来没有一种坚持会被辜负！

有了梦想，就有了动力。学校的严格管理，老师们的尽职尽责，儿子的高度自律，让他的高中生活变得紧张而忙碌。此时，在学业上，我已经爱莫能助，只能充当一个倾听者、加油者。高中的学习是辛苦的，儿子也曾有过考试后的挫败与沮丧，一次次地怀疑，甚至否定自己。最难挨的是高三下学期的那段时光。从一模考试开始，他的成绩是节节败退。我和他爸爸故意忽略掉他有些黯然的目光，也不过问他的成绩排名，开玩笑说："咱儿子这成绩就跟股票似的，现在属于风险期，把考试时所有该犯的错都犯了，规避开所有风险，高考时就该触底反弹了。"听到这儿，儿子也不由自主地笑了，从他微扬的嘴角，我能感受到那份如释重负的轻松。有时，他心情烦躁，不想说话，我也不会打扰，把安慰鼓励的话写在便利贴上，贴在他的书桌前。懈怠时，我督促他：最酷的人生状态，就是一直向前奔跑。这个世界上成功的人不多，是因为坚持的人不多。坚持到底，就是胜利！失落时，我告诉他：生活常常艰辛，不管是此刻还是以后。迎着风和各种压力，你得咬紧牙关一步步跨过去。只有这样，你才会离你想要的东西越来越近。

考前的日子并没有什么特别，只是它离终点更近了一些。如果要问怎样才能以胜利者的姿态越过终点，答案很简单：一直跑。细数着日子一天天逝去，日历上倒计时的数字由三位数变成了两位数，又变成了一位数，高考的日子真的近了，近了……

随着高考的临近，我感受到儿子的压力越来越大。自从他中考以全市第一的成绩升入高中后，一直保持着全校前三、综合实力排名第一的优异成绩。学校的领导、老师和同学们都对他寄予了很高的期望，更重要的是他自己的心中有一个沉甸甸的清华梦。什么事，只要有了欲念和期许，也就有了压力。这段日子，我已不再轻易和儿子聊考试的话题，也不再过问他这段时间的考试成绩。其实我的内心也有了一些焦灼，但我知道在他面前，我必须保持一份淡然与平和，因为情绪是会传染的。每天晚上，我会精心地给他准备好水果。儿子回到家，第一件事依然是边看电视边泡脚，有时看着电视还会发出几声旁若无人的傻笑。这可能是他一天中最轻松、最惬意的时刻吧。有时，他看电视入了迷，准备好的水果也顾不上吃，我会在一旁喂他吃，我把这种吃法戏称为“填鸭式”。如果有什么话，想对他说，我会把这些话写在便利贴上。我相信，他一定会看到的，也一定会读懂妈妈的心。保持愉快的心情和自信的状态是他这段时间最重要的事情。直到高考的前一天，儿子还保持着每天晚上看20分钟电视的习惯，我没有刻意地去改变和制止。一切如常，也许就是考试前最好的样子！

阶段感悟：心之所向，素履以往；生如逆旅，一苇以航。

不忘初心，简单、沉静，时光不会辜负每一个平静努力的人！

高考进行时——保持心态，坦然面对

就在这种看似平静但却风云暗涌中，终于还是来到了六月那个让人盼望、让人激动却又让人心生敬畏的日子。或许，每个人在生活中，都必然要经历凤凰涅槃、浴火重生的悲壮。而高考，就是这样的必然。那个不知道会给儿子带来什么的48小时，我们过得小心翼翼，如履薄冰。

我和老公在几天前就根据考试时间定好了每科考试前的出发时间和每顿饭的菜谱。我们悄悄地在房间里研究着这两天每一个需要注意的细节，生怕有什么地方考虑不周。而我们在孩子面前，装着一副若无其事的样子，偶尔也会和他开开玩笑，下盘棋，打打板羽球……我能感受到儿子也在努力让自己看起来很平静，但他那微皱的眉头，不达眼底的笑意，还有下楼时略带粗重的喘息，都暴露了他内心的凝重。我虽然看透但不能说破。高考的第一天，我们陪儿子8点钟准时到达考试地点。考场外，家长、老师、孩子，还有助力高考的各个单位的志愿者们，早已人流如织。入场时间到了，我紧紧拥抱了儿子，希望我的怀抱能给他带去一份温暖、一份心安。看着他随着人流走进考场，我的眼睛不禁湿润了——不奢求所有的幸运眷顾，唯愿所有的努力都不被辜负！

现在回想起来高考第一天依然是生命中最度日如年的时刻。他走进考场后，我和老公折返回到了家。虽然我人在家里，但心已随着他进入了考场，算着他开考的时间、答题的时间，我浑身无力，心神不宁。我意识到这样是不行的，都说母子连心。我强打起精神，慢慢深呼吸，开始打扫家里的卫生，洗衣服、拖地……劳动让我的心渐渐平静。第一场语文考试结束，儿子回来，我不敢问，只能察言观色。看着他面沉如水的脸色，我更是一句多余的话都不敢说。只催赶紧吃饭好好休息。他一边吃饭，一边吐槽："3年的语文白学了！"任心中百转千回，但只能保持沉默。

仗要一场场地打，哪一场都不容易。下午的数学考完，他的一句"还行”让我忐忑了一天的心稍感安慰。在数学考试中他耗费心神不少，刚吃过晚饭，竟然就倒在床上睡着了。看着他的睡颜，我眼中不免有些酸涩。大约7点多，怕影响他晚上的睡眠，虽有不忍，但还是把他叫醒了。儿子起来后，说有些头疼，我的心又抽紧了。他老爸提议：“咱们去广场散散步吧。”我们一家三口走在一年多都没有来过的广场，我看着广场上休闲娱乐的人们，心中感慨万千。大千世界，芸芸众生，每个人都在朝着自己的目标不停地奔跑，在那一张张看似平静的面孔之下，又都隐藏着一颗怎样汹涌澎湃的心呢？在广场上走了两圈，儿子觉得脑子清醒了很多，头也不那么疼了。回到家，他又看了约两个小时的书，晚上11点，准时休息了。

8日的下午，终于等到了最后一场考试的结束。我和老公早早地就等候在考场外，去迎接沙场归来的战士。儿子12年的求学路，今天告一段落。当看着他大步从考场走出来的时候，感觉一切都像做梦般的不真实。回望走过的日子，尤其是高中3年的1000多个日夜，陪伴儿子不断向梦想前进的历程，依然清晰得仿佛就在昨天。追忆过去，比梦想更美丽的永远是逐梦的过程！儿子的梦想可能依然遥远，但他在逐梦的过程中，实现了自我的成长、自我的超越，那才是他最大的收获！我们没有时间去大肆地休息和庆祝，晚上8点，我们仨已经坐在了去往北京的火车上，儿子还在车厢里忙着低头做题，因为儿子还要去参加自主招生的考试。是啊，高考从来不是人生的结束，而仅仅是另一段人生旅程的开始！儿子拒绝去对高考试题的答案，我也没有强求。我只是告诉他：“要接受所有的可能，你只管努力就好！如果你这次得不到最好的，请相信——上天一定另有安排！”

如今，走过那个让人倍感煎熬但又充满期待的六月，当你在七月或八月的某一天，收到那份如约而至的录取通知书，你会觉得，曾经付出的一切，都是值得的！这段叫作“高考”的经历，虽然不能定义一个人的未来，却浓缩了每个孩子最好的青春岁月，承载了父母殷切的祝福与期待！

我们每个人，都会永远记得为高考熬过的日子，那是我们这辈子最清晰的记忆！

时光清浅，沉香留年。与孩子一起走过的岁月，永远是父母心中的柔软，是值得我们回味一生的温暖……

作者简介：李艳新，女，教师。儿子高中毕业于辽宁省兴城市高级中学，2017年考入清华大学电子工程系。

陪伴是给孩子最好的爱

张秋芬

儿子出生在河南省漯河市郾城区的一个普通家庭，他的成长离不开家人和朋友的关心关爱，离不开老师的悉心培养。在教育这条路上，我和爱人坚持用爱陪伴他健康成长。

我和爱人都是基层公务员。儿子出生后的头几年，我俩在离郾城 25 公里的乡政府上班，无法顾家，儿子 7 个月大时跟着爷爷奶奶回了老家。公婆是有文化有见识的老人，特别重视教育，从识字、认数、讲故事到吃饭规矩、待人接物、环保节约等点滴教起，引导儿子养成良好的行为习惯。直到他 4 岁多上学前班，我们一家三口才聚在一起，但我又调到了更远的镇政府工作，更没有时间接送孩子，还是由公婆照顾儿子的生活，老公管理他的学习。

儿子从小爱看书，家门口就是书店，常常自己一坐半天，小学成绩一直名列前茅。升入初中后孩子进入青春期，老公和我都意识到该多陪孩子了。正好我那时调回了郾城，2012—2017 年是我记忆中最难忘的亲子时光。这段时间儿子的身心都发生了特别大的变化，从胆小害羞寡言的孩童长成了自信阳光有思想的大小伙儿，验证了爱的力量。就像歌里唱的“爱我你就陪陪我”一样，通过陪伴，我学会了如何爱人，如何与孩子一起成长。

陪伴陪出亲密

我刚调回县城的那段时间，面对同我一般高的儿子，真不知道怎么和他沟通。我想拉拉他的手，他躲了；想抱抱他，他用手一直挡；问他吃啥穿啥，经常用“随便”“无所谓”打发我。看着冷漠的他，我虽心酸却无可奈何，唯有慢慢来，让时间拉近我俩彼此的距离。

儿子初中不住校，我和老公早晚接送，中午则是我独自接他回家吃饭，也感谢每天中午路上来回的 20 分钟，我们娘俩有了更多单独相处和交流的机会。我跟他聊我工作上遇到的事情，或者和他分享我读到的好文章，慢慢地他也开始讲学校发生的事。为了和他有共同话题，我拿起丢下 20 多年的数学课本，跟着他的学习进度，在校讯通上边看课程边做题，主动向他求教。这样既能掌握他的学习情况又让他有了成就感。我还学着在校讯通博客上写博文，和他交流写作的乐趣，鼓励他也投稿。

九年级面临中考，时间紧张，我中午到校门口送饭，和他能交谈 10 多分钟，随时了解和掌握他的考试情况和情绪变化，及时帮他指点疏导。不知不觉间，儿子和我亲近起来。周末出去散步时，他会揽着我的肩或者拉着我的手，有什么心里话都和我说，能听进去我的意见和建议，性格也变得阳光了。谈起母子关系时，我笑称我俩是朋友关系多于母子关系，不过还是很庆幸，在儿子青春关键期我陪伴在他的身边，让他得到了应有的关爱，没有给他造成终生的缺憾！

陪伴陪出理解

儿子在七八年级时，迷上了电脑游戏，周末大部分的时间都奉献给了网游。最初我怕他痴迷其中，会叨叨两句，但人家一声不吭，该干嘛干嘛。后来，有次和他闲聊到游戏时，他打开了话匣子，在滔滔不绝的讲述中我才了解到他玩儿游戏背后的故事。原来他所在的县城中学，农村考进来的孩子比较多，课外男孩子聊得多是游戏话题，他们之间探讨如何更好的升级，如何换取更高的级别。没玩儿过的孩子，比较羡慕儿子他们这些懂行的，于是把自己的游戏账号交给我儿子管理，所以周末那两天他特别忙。了解了这些情况后，我没埋怨也没制止，只是叮嘱他玩儿一会儿要站起来歇歇眼睛。爱玩儿是孩子们的天性，强堵不如疏导，当初给他选择县城学校，就是不愿他初中的学习生活太累太紧张，在学校把课程学会，作业做完，周末放松一下也未尝不可。每周五下午放学前，我都提前打开电脑，等他到家节约开机时间。平时我登录他的游戏账号，替他领取免费装备，还专门准备了两个U盘，替他下载网游。在他玩儿的时候，我端茶倒水，然后坐在旁边，听他讲每一局的精彩表现（看他玩儿的如痴如醉的样子，说实话我虽表面镇静，内心却在努力克制，很多次恨不得把网线拔了）。玩儿够了，出去歇眼时，他揽着我的脖子，继续讲他的光辉战斗史，我还得笑着配合他。因为理解支持他，这个时候的他和我特别亲，给予我与他小伙伴一样的待遇。但对他玩儿游戏我不是一味纵容，我给他定的原则就是在学校认真学习回到家痛痛快快地玩儿，而且仅限于周末，还是在完成作业的基础之上，所以他的作业周六一早就做完了，还自觉预习各科内容，做课后练习。为了检验他的学习效果，我经常找些典型题考他，看他学得还比较扎实，才放心让他玩儿。怕玩儿游戏把他的眼睛熬近视，七年级暑假我给他报了乒乓球班，又在客厅安装了乒乓球桌，他玩儿累了我就陪他打会儿球。八年级暑假，我巧费心思，引导并陪他做了两个月校讯通上的“天天练”，通过每天40分钟的测试，他找到了学习上的问题和差距，也激发了他努力学习的兴趣。进入九年级后，他很少再玩儿游戏了。有次我开玩笑地问他：“有家长问如何让孩子不迷恋游戏，你支支招呗。”只听他回答：“让他疯狂玩儿一阵子，玩儿够了，也就不想了。”呵呵，从孩子的角度来看有一定道理，但如何处理学习与网络游戏的关系，家长运用些智慧和策略还是很有必要的。青春期孩子的身心正顺应自然的规律蓬勃成长，我们大人也要改变自己管教的态度和方法，既不能放任，也不必过于“较真儿”，默默地陪伴和关注，有时候也是处理亲子关系最好的办法。

陪伴陪出自信

儿子进入高中后，经过短暂的适应，他很快掌握了高中各科的学习方法，各门课都能听懂，真有不会的地方，自己思考或者问老师也能学会，不让我管他的学习，我只需做好后勤保障就行。但我清楚，儿子良好的学习状态和自信，是在他初中阶段我一点点引导才形成的。

他初中所在的中学课业不紧张，作业少，再加上七八年级知识简单，考试是单元化测试，因此每次考试，他感觉不费多大劲儿就能考个年级前几，所以给他造成一种错觉，没啥知识点能难倒他，平时不用下功夫，考前突击就可以了，大把的时间用来玩儿，他那时常挂嘴上的一句话就是“啥事不能挡玩儿的道”。看他无知者无畏的样子，我知道磨破嘴皮子也不会说到他心里，只有想办法让他自我觉醒。因此，我以身示范同步学课程，陪他一起测试，碰到综合型试题，他才意识到自己的学习问题，单个知识点测试没问题，一综合就没思路或是做半截卡壳，这才承认自己前两

年没用心学，才开始对学习重视起来。初三开学后，他兴奋地告诉我：“感谢老妈，我同学暑假都提前预习了新课，幸亏你让我假期学了数学和英语，不然真的要费力气追赶了。”面对繁重的学业和都在用功的同学，他不自信了。我根据中考时间安排，指导他继续自学新课程并提前做模拟考题，通过综合题训练提高准确性，稳定优势科目成绩，寒假提前把各科复习一遍。年后，他参加了几个省重点中学举行的提前招生考试，测试结果还不错，几个学校都向他伸出了橄榄枝。通过特招他明确了自己的实力，对中招考试信心十足，最后以全区第一的成绩考入了心仪的高中。两年陪学，孩子养成了提前预习功课的习惯，提高了自主学习的能力，他还明白了学无止境的道理。

进入高中后，良好的自学能力帮他顺利适应了紧张的生活和高难的课程。我和他爸爸开始退居幕后，我负责孩子的生活，他爸负责思想教育，只在需要帮助时参与。高一、高二期间，他稳居全市前3名，高二暑假参加清华大学暑校班学习并获得“良好”最高评级。高考以稳定的状态在80多万考生中脱颖而出，考入清华大学计算机系，实现了他给自己设定的目标。

父母在孩子每个关键阶段的引导和帮助，都会为他的成长之路奠定坚实的基础。初高中这几年，老公早晚接送孩子，经常和他聊理想、树目标、解困惑，陪孩子锻炼身体，当儿子因成绩低落感到前途迷茫时，他爸爸经常拉着孩子的手或者抱抱他，或者用宽广的肩膀让孩子依靠，让孩子在他的怀里哭泣，发泄发泄情绪，一起度过了那段难忘的岁月。其实，高考不是一个人的高考，是集全家之力的高考，儿子的爷奶叔婶等亲人都在背后默默地支持。整个大家庭和谐的氛围，让他感受到爱，以积极阳光自信的状态走向更高的平台。

作者简介：张秋芬，女，公务员。儿子高中毕业于漯河市高级中学，2017年考入清华大学计算机系。

当优秀成为习惯　成功就水到渠成

王　宇

我和我爱人都是名副其实的“70 后”，她在家排行老四，我在家排行老三，都是“老疙瘩”。爱人出生在教育世家，从祖辈到现在四代共有 13 位老师，可能是耳濡目染，她骨子里对教育十分重视。我们大学毕业后通过国家分配均在体制内工作，所以“知识改变命运”的认知已经深入骨髓，更对我们之后的育儿方式产生了重要影响。

勤鸟早飞，培养自主学习

当即将而立之年，我们的家庭从两人世界变为三口之家。初为人父之时，在欢呼喜悦之余，我和爱人达成共识，要在怀孕时期就对孩子进行胎教，听音乐诵经典。在儿子出生后，教育培养更是从未停歇，将胎教时听音乐诵经典的习惯沿袭下来。当孩子会牙牙学语后，我爱人每天坚持教他背诵《三字经》，其他如《百家姓》《千字文》、诗词歌赋等等，也无不列入计划之中。儿子大一点儿时，教他背《道德经》。他也表现出极大的兴趣，朗读几遍就能够背诵，接受知识的速度非常快。每每亲朋好友聚会的时候，我们也都会让他展示一番，往往收获满堂喝彩，儿子也得到了一定的自信。由此来看，培养从胎教开始是有用的。我爱人自己本身也十分勤奋，她在怀孕之前考取了硕士研究生，为了生孩子暂时休学，在产假结束后迅速恢复学业。只有对自身要求严格，才能更好投身于孩子的教育。在儿子快 3 岁的时候，我爱人就亲自带他一起在学校吃住，爱人边学习边教他读书。每天早上孩子在妈妈的帮助下练习自己穿衣、洗漱，和妈妈去食堂吃饭，饭后爱人再送孩子去幼儿园，有时候时间来不及，爱人就目送他自己进幼儿园。在这期间，妈妈不仅培养了孩子主动学习的习惯，也培养了他独立意识，提高了他的自理能力。儿子学会了主动适应环境、积极与人相处。

学优并举，注重素质发展

儿子四五岁时，机缘巧合在好朋友吉林艺术学院刘老师（现任大学教授）的引导和推荐下开始学习钢琴和视唱练耳。我们的初衷是培养孩子的素质，但是我们遵循一个原则：要找最好的老师，要按照专业的水准培养，将来即使不从事专业，也要成为业余中的专业水平。对于孩子来说，这些也都算是一技之长，实质上是把资金变成技能，在将来需要的时候再变成生存的技术。经过多年学习，他最终通过了中央音乐学院校外考级，钢琴和视唱都达到了最高级别。回首求艺之路，对于家长和孩子而言都是巨大的艰苦考验：钢琴和视唱需要每周上一次课，家长还要跟着一起听课，做好笔记，课后要坚持每天辅导孩子练习。起初我和爱人热情很高，勉强跟得上老师的节奏，能够做到课后陪着孩子共同练习。但是随着学习内容的加深和愈加专业化，作为门外汉的我们感觉非常吃力，只能请专业的陪练。整个练习的过程是非常枯燥和乏味的。一次次地重复，一次次地弹错再重来，唱错再重唱，如此往复，每天坚持两个小时。别说小孩子，即使是大人也很难坚持。记得有一次，我爱人陪孩子练琴时，儿子忽然大哭不止，原来是练琴遇到了瓶颈，练习多次却还总是弹错，气得他直呼要拿着斧子把钢琴砸了。这令我们哭笑不得，急忙先安抚他，吃完饭后继续练习。在教育的路上，家长的引导很重要。我们给孩子灌输的理念是做事情遇到磕磕绊绊是正常的，遇到挫折不用怕，要勇敢面对，坚持就是胜利。让他明白，做事要有始有终，既然选择了学琴，就要坚持走下去。直到把最高等级证书拿到手，学琴才算告一段落。他也从中懂得了付出才有回报，从来没有随随便便的成功。

舍得放手，唤起独立意识

转眼到了上学之际，我们选择了长春最好的师大附小。儿子出生在9月，日期比上学要求的时限晚一个月，原本想让他提早一年上学，结果面试时被告知只能再等一年来上学。这突如其来的变故，让我们不知所措，因文化课已基本学完，再把时间花在这上面，我们觉得不值。岳父岳母都是大学老师，尤其是岳父兴趣爱好广泛，琴棋书画无不涉猎，喜欢下棋弹琴、偏爱围棋、酷爱音乐，钢琴、小提琴、吉他、手风琴等都能熟练演奏。岳父还利用退休后的业余时间自编教程，招收吉他、电子琴学员，教孩子们学琴，培养孩子们的音乐素质。爱人从小在父母的熏陶下对音乐、围棋很感兴趣。所以她决定，利用这一年时间，让儿子学围棋和书法。由于长年学习钢琴养成的良好习惯，相较于同龄儿童，他坐得住板凳，耐得住寂寞。他在围棋班进步很快，深得老师喜爱，几个月后就在全市同龄孩子里成为佼佼者，获得了东北三省幼儿围棋比赛冠军。在尝到胜利喜悦的甜头之后，我们远赴北京，参加了围棋国手汪见虹的弟子班。本打算只用

一个寒假提升围棋水平，但是汪老师建议孩子暂时休学专攻围棋专业。我们思虑再三，在征求儿子意见后，接受了老师的建议。长春与北京围棋授课水平的差距巨大，老师的精心辅导和孩子的刻苦努力，他的围棋技艺提高很快，取得了中国棋院的业余围棋五段。他开始冲击职业段位，目标是进入国家队，但是在顶尖中求进步太难了，冲段没有成功。虽然汪老师挽留，儿子也不舍，但是我们还是决定回家上学，毕竟围棋路太窄，将来没有更多选择。作为父母，我们不敢拿现在赌明天。但是这两年的历练是儿子人生中的重要节点和宝贵财富。远离父母，独立在外的生活、学习，培养了他独立思考、自主生活的能力。更重要的是，他站在一个高平台上，和高手结缘，开拓了眼界，增长了见识，我觉得这对于他的人生有着至关重要的启蒙意义。时过境迁，几年之后，儿子在《围棋天地》杂志上看到曾经的小伙伴在世界围棋比赛中获胜，他兴奋地举着杂志给我看：“爸爸、爸爸，这是我的同学，我还赢过他呢……”围棋训练让孩子深受鼓舞，对于人生而言这应该是莫大的激励。人生如棋，现在回想起来，也许那时他就已经把清华定为奋斗目标。

不言辛苦，造就坚韧意志

作为家长，我们从来不将自己的心酸劳苦挂在嘴边，不会对孩子说“我们做了那么多你应该如何如何”的话，而是为他做好后勤工作，培养他不达目的不罢休的坚韧意志。回长春复学时，已经是小学三年级下学期了。在第一次家长会上，我们惊讶地发现儿子居然是全班第一，而且一直延续到小学毕业。为了能够上一个好初中，我给他报了两个奥数班。每天下班和周末，我都陪着他在奥数班间穿梭，无论严寒酷暑，或是披星戴月，饿的时候我俩匆忙吃一碗面条，或吃几口面包。我问他累不累，他却说这比学习钢琴和围棋还要轻松一点。这一回答又刷新了我对他意志力的认知，让我倍感欣慰。儿子格外懂事，记得小学三年级时，有几次我和爱人实在不能陪他去上课，爱人就把他直接送上公交车，让他自己去课外班，目送他远去的背影，爱人的心里五味杂陈，但是当儿子上车后回过头来时，爱人看到的却是儿子眼睛里满满的自豪，仿佛在向全世界的人说：妈妈你看我多厉害，我长大了，我可以自己去上课了！

儿子的独立，让我们欣慰！终于他不负众望，于一年后获得了“希望杯”数学邀请赛二等奖，那时顶尖的学校向我们伸出了橄榄枝。通过若干次考试的历练，综合考虑他自身的特点和各个学校提供的条件，我们一家三口经过精心比较、审慎探究，最终选择了吉林大学附属中学实验学校的初高中连读，后来也证明我们全家商量后的选择是正确的。

勿做苛求，鼓励自我思考

我总是和儿子说："无论是学习、下围棋，还是人生，不要过度考虑输赢，在棋盘上，你只要走对每一步，结果必然胜利，人生也是如此；学习上好比一场马拉松比赛，不要总想着跑第一，当领跑太累，在第一方阵跟住第一就行，到冲刺的时候奋力一搏，尽全力了，无论结果如何，努力了就不后悔。"我是这样教育孩子的，我自身也是这样做的。为了让他早上多睡会儿，路上少奔波，我和他在学校附近租房，每天由我一个粗心男人负责我俩的饮食起居，而儿子专注负责读书，我俩各得其所，各司其职。但是我从不过问他学习的事，考试成绩都是通过微信群从老师那获得的，虽然总是名列前茅，但不是第一，我也从不做苛求。

给予孩子一定的自主自由，也培养了他自我思考的能力。他与其他同学最大的不同之处在于整个初高中从未上过任何课外班。省钱、省心自不必说，关键是他有着自己独特的见地："课外班有 3 个弊端：一是课堂纪律差，很容易养成上课精神不集中的坏习惯；二是知识点与学校有重复，老师未讲就会，很容易溜号，往往把不会的错过了，得不偿失；三是时间和精力有限，大量时间花费在课外班上，必然造成人困马乏、事倍功半，还不如脚踏实地跟住老师，首先做好最基础的作业，从而养精蓄锐、厚积薄发，况且我们的老师都是名校名师，并不是课外班老师可以媲美的。"

坚持原则，培育耐劳品格

在孩子取得卓越成绩的道路上，必然不是一帆风顺的。记得有一次他上初中时，作业没有完成，怕老师批评，他想让我和老师解释一下，被我拒绝了，并告诉他自己的事情自己解决。他直接放出狠话："那我不念了！"我没有斥责他，也没有发火，只是淡然地告诉他："儿子，书是念给你自己的，饭已经做好了，我去上班了。”中午回到家，他已经乖乖去上学了。过后聊起此事，他说：“爸爸，你出门后，我想了好久，除了上学，我不知道还能做什么。上班是你的职责，上学读书是我的职责。”经过这件事，我感觉儿子长大了，也逐渐坚强起来。

在高三冲刺时，他在学校度过早六晚九的折磨后，回到家还要继续学习，资料从桌子上到地板上，从床头到床尾，一摞一摞堆积如小山。往往是我已经睡一觉醒来，他还在学习或者是躺在床上拿着书睡着了，有时候直接趴在桌子上就睡了，真是心疼！我眼泪在眼圈里打转，却也为有这样肯吃苦、肯奋斗的儿子感觉自豪。没有天才，只有勤奋加汗水，才能浇开成功之花。

在他考入清华之后，闲暇之余我们父子聊天，他还是觉得高中那段时光是最累的，尤其是高三令人心力交瘁，用他的词形容甚至是“黑暗”。我虽然不懂，也未曾付出过那么多的努力，但是我很庆幸可以陪他走过这样一段艰难的时光，让他值得回味一生。

知行合一，培养良好品行

我从小就告诫孩子“本固则丰茂”，品行端正才是做事之本，要拥有良好的品行，爱国爱家、遵纪守法，才能乐观向上、与人为善，有责任感。这句话说起来简单，但是需要家长身体力行，做好表率。从过马路不闯红灯，到善待家人朋友，我们的言传身教，对孩子起着至关重要的熏陶作用。对于生活中的丑陋现象，我们也会第一时间给他积极正面的解释。在这一点上，我觉得儿子做得还是非常不错的。记得他在初中运动会上不慎将校服弄丢了，热心的同学借给他一套校服，运动会结束回家后，他主动把同学的衣服洗好了，然后说自己需要买一套校服。我趁机引导他：“儿子，咱们可以把新买的校服给你的同学啊！”他欣然同意，还夸我想得周到。还有一次，他在餐馆偶然拾到一张 50 元纸币，还没等我开口，他就主动把钱交给了服务员，为此餐厅还特意送给他一张用餐打折卡。在他逐渐成长的过程中，升阶学习的求学路上，良好品行的力量一直伴随着他，成为他进取的源泉。有句话说得好：你只管善良，上天自有安排。

儿子从小到大，从不乱花钱，只买需要的，也不攀比。这应该是耳濡目染吧，爱人很节俭，她经常说，人这一生吃的饭都是有定数的，你浪费粮食就是把自己的福报给弄丢了，所以要懂得惜福、培福。每当孩子遇到挫折的时候，我和爱人都会和他说："爸爸妈妈相信你一定可以走过去的，现在的困难只是暂时的，不经历风雨，怎会见彩虹。要感谢经历、感谢痛苦，有了它们才会让你成长。"我也经常会对他说："要有自信，不用和别人比，只和你自己比，做好自己，自己每天都有进步，自己内心就强大了，自然就会吸引你身边同类的人来做朋友。"

自信人生二百年，会当击水三千里。儿子说，他就是一个普通且平凡的人，以前是、现在是，以后仍然是。但我认为清华人注定是不平凡的。保尔说："人最宝贵的就是生命，生命对于每个人来说只有一次，人的一生应该这样度过：回首往事，不会因虚度年华而悔恨，也不会因碌碌无为而羞愧……"每个成功孩子的背后，都有家长的辛勤付出，当孩子的优秀成为习惯，成功就会水到渠成，孩子的成功证明了家长教育的成功！愿每一个家长都能对孩子温柔以待，愿每一株栋梁之材都能向阳而生、逆风生长，不枉青春梦一场！

作者简介：王宇，男，公务员。儿子高中毕业于吉林大学附属实验中学，现为清华大学2018级数学系学生。

青春有梦　清华有你

许丽娜

2019 年 7 月 12 日，儿子收到了清华大学的录取通知书，终于缘定清华！那一刻，我激动万分，马上发了朋友圈与亲朋好友一起分享快乐，收到几百条点赞和留言。身边的同事或朋友都很羡慕我有个学霸儿子，感觉我这个妈妈好像什么都不用管。的确，从怀孕开始，幼儿园、小学、中学、大学，一路走来，儿子都比较乖巧，顺风顺水，我和爱人基本不用操心。但作为一名教育工作者和家长，我也有一些心得，愿与大家一起分享。

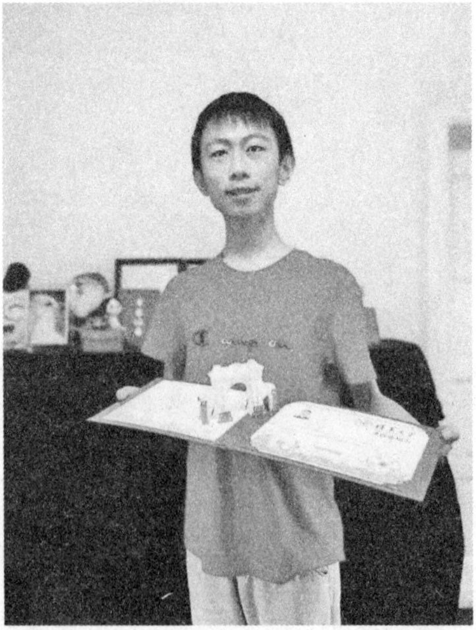

陪伴是最好的教育

托尔斯泰曾说过，“爱孩子是老母鸡都会做的事，关键是如何教育”。家庭教育作为学校教育永远的底色，父母必须明确，陪伴是对孩子最好的爱，陪伴是最好的教育。周国平也曾说过，“生命中不可或缺的东西就是与孩子一起成长的记忆，我不希望在孩子最重要的时刻，家长缺席”。

作为父母，我们在孩子的成长道路上，尽量做到陪伴。孩子出生那年，他爸在外地工作。当时我在一所著名的省重点中学任教，每天早出晚归，工作非常辛苦。但是每个周末我俩都会尽心带娃，给他讲故事，陪他听音乐，等等。

儿子两周岁时，我们结束了两地生活的状态，在上海扎根。因为我新到一个学校，所有的教材都需要重新备课，新的学生需要去适应去磨合，所以那段时间特别忙，每个晚上都需要在家备课到很晚。陪孩子讲故事，玩儿，哄孩子睡觉都成了爸爸的任务，他常常忙完孩子又忙自己的工作直到深夜。

上小班那年，我们俩分工合作，他爸负责早上送，我负责下午接。现在回想起来，那时每天接孩子放学是最快乐的时光。我第一个站在教室门口，然后大手拉着小手，一路说说笑笑；儿子的小嘴叽叽喳喳，一路讲着幼儿园的趣事，讲个没完。他记性很好，小班的第一学期快结束时，我鼓励他把一学期老师教的儿歌、故事等都复述一遍，然后我在电脑上录入，并打印出来。

初二那年，他跟着爸爸去国外学习，我也每个寒暑假过去陪伴孩子。当然，陪同不等于陪伴。作为父母，一定用心体验孩子成长的快乐（用心陪伴不是陪在孩子身边自己刷剧玩儿手机噢）。我有一个记录孩子成长的习惯，凡是和他生活、学习有关的证件票据、影像资料等，我都会分门别类地保存好，适当的时候拿给他看看，很适合亲子交流。

好习惯成就好人生

幼儿园时，我给他报了美术、钢琴和象棋兴趣班等，他都能坐得住，且接受能力良好。后来升入小学，入学第一天，我就告诉他，学习是自己的事情，要养成良好的预习、听课、复习等习惯。儿子放学比我下班早，我回家后，先检查他的作业，如果书写潦草，就让他擦掉重写。作业检查完毕后，我会带着他下楼和小朋友一起玩儿。就这样，他养成了“先作业后玩耍”的习惯。每天晚上临睡前，我也会让他自己整理书包、检查文具等，养成这些好习惯后，就不会有做事拖拉或者丢三落四的毛病。

每天接儿子放学时，我都发现他听课认真，基本不被窗外走动的家长干扰。进入中学后，他仍然保持认真的态度，态度决定高度。在中学阶段，他文理兼通，全面发展。

生活上也一样，经过7年的中学寄宿生活，他的独立生活能力明显增强。作为一个中预小朋友，他自己摸索出了一套行之有效的时间统筹管理方法，每天什么时间段洗澡、吃晚饭、洗衣服，都能找到错峰时间，把寝室生活安排得井井有条。每周上学的书包和行李箱也是自己整理。去外地上大学，他也能很快适应。

志存高远，脚踏实地

歌德曾说过，“生命里最重要的是要有个远大的目标，并借助才能与坚毅来完成它”。第一次听儿子说目标是他初二时，当时他正在国外学习。他明确地告诉我：“我的实力可是清北人选啊，我可以为学校争光的。”他毅然回国。

为了激励他，我经常给他讲一些优秀学长学姐的故事，有些是比较熟悉的大学霸。以此鼓励孩子追求卓越，努力向优秀靠拢。在党校学习时，他曾经采访过一个清华的学长，这位优秀的前辈给了他很多建议，对他很有激励作用。高二暑假，他有幸参加了清华暑期综合营。这是儿子第一次踏进清华园，第一次离梦想这么近。暑期营结束后，他特意从 C 超买回很多有清华抬头的信纸，说拿回来做草稿纸，要每天和“清华”见面。这说明清华的一草一木以及“自强不息、厚德载物”“行胜于言”的清华精神已经在他心里种下了一颗梦想的种子，坚定了他报考清华的决心。

有了清晰的目标，学习就有动力。他学习非常自觉，课上认真听讲，课后认真完成老师布置的作业，中午时间常去图书馆看书放松。遗憾的是，周末回家，他都有些“颓废”，除了完成学校的作业，就是睡觉和玩儿游戏。他的理念是该学习时认真学，该玩儿时就疯狂地玩儿。看到这个理念没有影响到他的学习成绩，我也就默许他周末适当玩儿游戏当作解压。后来我发现，周末有了充足的睡眠后，接下来的一周他又可以精力充沛地投入到学习中去。12 年的求学生活，他没有参加过任何课外培训班，没有买过课外辅导书，但孩子的历次考试成绩都稳居年级前三。所以脚踏实地、认真听课，才能事半功倍。

高三家长该做些什么

高三家长该做些什么？作为高三家长，我深有体会：

第一，家长要保持平和心态。

正如孩子所说，家是一个让人放松的地方。家长应努力营造一个温馨和谐的家庭氛围，不要刻意制造紧张压抑的气氛。我们平时的交流，很少谈到成绩，学习的事情都是放权给他处理。

第二，家长要帮助孩子解压并树立信心。

孩子在学校学习很辛苦，家长要帮他们找到一种合适的放松心情的方式。多给他们赞美和肯定，多给他们微笑和鼓励，孩子就会越来越自信。记得高考第一门语文就出师不利，作文“中国味”没来得及写完，他很受影响，他说：“妈妈，我复读吧。”听到这，我的心很痛，但我一定要镇定，并告诉他已经有XXX大学保底，挺好的，不要气馁。还好，虽然吃饭没胃口，后来通过听音乐放松，他的情绪调整得不错，数学成绩接近满分。

第三，家长要给孩子支持和帮助。

高三家长，除了做好后勤保障工作和心理咨询师的工作外，还要做好信息情报员的工作。我和爱人广泛搜集情报、了解高考政策、了解目标学校的招考信息、了解历年高考分数线，把这些烦琐的信息咀嚼内化，适度地传递给孩子。家长还可以适当地加一些目标大学的预备群，这些群里会有一些前辈担任群管理员，他们会给高三家长很多指导和帮助。我当年加入了清北的预备群，再次感谢群主和散淡老师等前辈给予的无私帮助！另外，家长还可以帮孩子整理复习资料。虽然我几乎没有给儿子买过辅导资料，但是我经常在网上给他整理各科比较有用的复习资料，供他参考。我也把他做过的所有试卷翻了一遍，把错题找出来，总结好让他重新做一遍。

第四，家长要给孩子树立任课老师的威信。

从幼儿园开始，我就告诉孩子必须尊重老师。我们家长也是以身作则，配合老师的一切工作，认真完成老师交代的所有任务。特别到了高三，一定要让孩子相信学校，相信老师。跟着老师的节奏，脚踏实地，莫问收获，但问耕耘，最终一定会有所收获。儿子的成绩离不开恩师的帮助！在此，特别感谢儿子遇到的亦师亦友的恩师们，感谢他们的爱心与责任心，感谢他们的赏识与鼓励，孩子的成长离不开他们的悉心栽培！儿子经常说："学校是一个快乐的地方！"

现在，他梦圆清华，能在这样的顶尖名校学习，太幸运了！希望他能够好好珍惜这样的机会，学有所成，全面发展，为祖国健康工作50年！

作者简介：许丽娜，女，中学英语教师。儿子高中毕业于上海外国语大学附属浦东外国语学校，现为清华大学2019级全球环境国际班学生。

加 油 喽

一定要站在你所热爱的世界里
闪闪发光

竞赛小白的竞赛经历

杨　宁

上高中前，我和儿子都不知道五大学科竞赛。当他考进了南京最好的高中——南师大附中，并选拔进最好的班——国科大菁英班，我俩才从班主任张文理老师口中第一次知道了学科竞赛。张老师是物理老师的同时也是学校物竞（物理竞赛）教练。儿子眼中的他身材壮硕、嗓音洪亮，站在讲台上的身影遮蔽了大半个黑板、气场溢满了整间教室。张老师大手一挥："我班都搞竞赛去！"于是儿子就去搞竞赛了。

小白家庭觉得，张老师的物理竞赛是必须参加的，当然数学也要整上；儿子初中化学好，放弃了可惜；他很喜欢生物，也尝试尝试？那好

吧，四门齐上。

全面铺开的恶果立竿见影：小白同学高一上学期期末考试全班垫底！小白家长与小白同学开始谈判："既要学好课内课程，又要参加合唱团等课外活动，还要参加四门竞赛，忙得过来吗？顶得住吗？""不努力试试怎么知道能不能顶得住呢？""能行吗？""不行吗？"于是相互妥协：减少竞赛时间投入，除了蹭学校的竞赛课，原则上不在校外上竞赛课。

高一下学期小白同学成绩明显回升，他又陆续拿回了四门竞赛的获奖证书。小白家长开始膨胀了：难道儿子是传说中的学神？再搞一年四门竞赛，也许能进两三个省队呢！好像可以想想国家集训队保送？到时候选清华还是北大呢……正在幸福的纠结中，小白同学毫不客气地戳破了这个刚出笼的泡沫：化学和生物决定放弃了，实在是背不动……

两门竞赛依然很艰苦。小白同学既要维持校内课程学习和成绩，也不能被班级同学大部队甩下，又要履行校合唱团核心组成员的组织职责，还要继续语文和外语阅读及写作的日常积累，等等。儿子初中时积攒的一点肥肉，眼见着一天天消失不见。妈妈很心疼，建议他放弃算了。他却说两门竞赛都是自己喜欢的，很有意思，不肯放弃。我和爱人也只能多准备些好吃的饭菜，默默地支持。

但时间总是不够用。突然有一天，张老师打来电话说儿子要退出竞赛。我很诧异，什么情况？晚上和儿子谈心，原来是校合唱团要参加南京市的一个汇报演出活动，时间上和物理竞赛课冲突。张老师要求以竞赛课为先、不准请假，儿子却坚持要组织和参加合唱团的活动。张老师对他逃课的行为进行了批评，他不能认同，情绪激动之下说出了退出物理竞赛的话。我问他："你还喜欢物理竞赛吗？真的想退出吗？"儿子冷静了下来，他还是喜欢竞赛，不想中途放弃，但是时间确实是不够用，希望能自主地选择和安排竞赛和合唱团的汇报演出。我首先支持他的想法，学习上确实应该有自己的主见和安排，然后也批评他处理问题时的不冷静："张老师的批评都是为学生好，老师和学生目标一样，都是学好竞赛，只是时间安排上有了不同的分歧，好好把自己的意见告诉老师，都是好商量的，怎么可以冲动之下说要退出竞赛呢?”儿子同意我的处理办法，第二天他就去找张老师道歉，而我负责和张老师沟通，保证优先满足合唱团的时间。于是我给张老师发短信，从《无问西东》中几代清华学子的不忘初心开头，表扬儿子履行合唱团核心组成员职责的责任心，保证儿子能对合唱团不忘初心，就更能对自己喜欢和选择的物理竞赛不忘初心。我又解释因高中三年学习压力大，儿子不免有心里烦躁的时候，合唱团也好，钢琴也好，都是自我减压调节的一种方式……后来，合唱团的汇报演出拿到了奖项，儿子也在合唱团的学弟学妹们中物色积极分子，逐步交接，全心投入到学习中来。

还记得小白同学到杭州参加竞赛培训，富春江畔烟雨绵绵，富阳中学宿舍被褥湿寒；还记得去武汉参加冬令营，黄鹤楼展翅欲飞，热干面油润金黄。转眼间竞赛结束了，儿子最终拿到了物理省级一等奖和数学铜牌。但是强基计划（简称“强基”）取代了自主招生，铜牌也只能填报强基一类，被贴上了非竞赛生的标签，结束了高中竞赛之路。此时小白家长不再小白，明白自己存在很多不足，也得到了许多的教训：如果一开始就只攻一门，如果能再多投入一些时间，如果能果断地停课冲竞赛，是否会更上一层呢?

然而高考的成功掩盖了小白家庭一切的纠结、焦虑、遗憾、教训，在外人眼中只留下了成功的光鲜。在学弟学妹们的心中，小白家庭成了成功平衡竞赛与课内成绩的榜样模范！正是如人饮水、冷暖自知，自家孩子不上高中，永远无法真正领悟高中 3 年的焦虑煎熬。

感谢“清华学子家长为清华校庆 110 周年献礼”的这个征文活动，让我有了反思和倾诉的机会。我突然有了一点明悟：在高中学习道路上，无论你做出什么选择，都是对的。因为纠结过，思考过，慎重选择过，努力奋斗过，无论结果怎样这所有的一切经历都将化为一粒粒泥土，厚固着孩子的根基与积累，无论是否在高考时就让孩子开花结果，都能在之后的学习生活中为孩子加油助益。

个人感悟，与大家共勉。

作者简介：杨宁，男，资深律师。儿子高中毕业于南京师范大学附中，现为清华大学2020级行健书院钱学森力学班学生。

做个内心强大的竞赛生家长

王 进

说实话，在孩子上高中前，我对竞赛与高考的关系是模糊的，对全国高中数学联合竞赛、中国数学奥林匹克竞赛（CMO）等概念都不明白。

儿子在小学三年级的时候就开始学习奥数，我和爱人在离家两站路的地方给他找了一个培训班。每次接他，总能看见一群快乐的小学生冲出那间大厦，你追我逐。2014 年小升初考试时，人山人海，有专人在维持秩序，阵势如同高考。他如愿考上了 T 中的初中部。T 中是这个城市的五大名校之一，每年的中考状元几乎都出在这个学校，高中部每年高考上清北的人数稳居全省前三。

儿子的初中班主任是一位经验丰富的数学教师，2014 届带出了本市中考第一名。初一刚开学不久，班主任就让这位同学和刚入校的学弟学妹们交流，孩子们一脸崇拜。儿子的初中 3 年很充实，学校课程安排得满满当当，同学之间氛围很好，心无杂念，目标就是考上T中高中部；班主任的目标就是再带出个中考第1名。有位T中的家长曾说过，“在T中上学，如同开车一样，上了高速路，你想慢是慢不下来的，所以只要跟上学校的节奏就好”。我和爱人的任务是做好后勤保障，每天关注班级群里的消息。儿子每学年都能获得特优奖学金。中考前，我们买上一堆零食带着他去公园划船，有时带他去打桌球，让他全身心的放松。他每晚一边泡脚，一边拿着妈妈的手机玩上一会儿。儿子中考成绩很不错，在市里前20名，如愿进入高中。

高中入学军训结束之后，班主任让每个学生举拳明志，儿子坚定地说：“我要上清北！”这个时候，我才对他上清北的想法有了一点萌动。之前有T中家长曾告诉我，“中考是多少位次，高考一般也是多少位次，在高中阶段，成绩一直保持在前30名，上清北是稳的”。

他刚进高中，就在学校的安排下参加了9月份的数学“高联”考试。国庆节那天，他和一群同学到外地参加数竞培训，回来告诉我，没听懂，只是把学校布置的作业写完了，我也没在意，心想数学竞赛反正只对高考压轴题有帮助。没过多久，学校通知部分家长开家长会，大意就是鼓励孩子们学竞赛，还举例去年就有个学生化学竞赛成绩优异，入选了国家集训队后被保送上了清华，高三时天天可以睡到自然醒，到校后也只是帮教务的老师做些抄抄写写的事……我心想那种竞赛保送的事距离自己太远，还是让孩子脚踏实地为高考做准备更好。学校每周安排数、理、化三门竞赛的课程，期末时再让学生们决定报一门竞赛课主攻。究竟学数竞还是物竞，那天在车上，儿子问我的建议，我给了他一枚一元的硬币，让他用“抛硬币”的方法来决定。结果那枚硬币，骨碌碌不知滚到哪个车缝里了，到现在也没找到。高中第一学期结束了，儿子实现了班主任在新年贺卡上的寄语“考进年级前十”，这时“高联”的成绩证书也来了，是二等奖，他似乎对学竞赛增加了几分兴趣。

高一下学期，竞赛老师与我进行了单独沟通，反映儿子在竞赛上投入不够多。我问老师为什么会是这种感觉，老师说："搞了竞赛的孩子，月考的名次都会掉几十名，你儿子名次却变化不大。"我说他每晚回家都在看竞赛书啊。的确是这样，他每晚回家，一边泡脚一边刷竞赛的题，周末也是天天到学校里学竞赛。2018 年 8 月份，他作为学校高一年级组的 4 名代表之一，参加了东南联赛（中国东南地区数学奥林匹克竞赛），获得了二等奖。酷热的暑假里，儿子和同学们在教室里备战 9 月份的"高联"，家长们天天轮班去值日监督，微信群里妈妈们相互加油鼓劲。"高联"的成绩在国庆节前一天出来了，省一等奖的名单上却没有儿子。接到老师电话那一刻，我真的不敢相信。儿子平时竞赛模考成绩很好，一起学竞赛的同学得省一等奖的却有七八个……爱人说她想哭的心都有了，我说，我也一样，但是我们要忍住。我们没有和儿子讨论为什么没获奖，只劝他要开心点，问他还要不要学竞赛，他说要学。那个国庆假期他又和同学们去外地培训了，参加培训的人里只有他没拿上省一等奖。此时，我和他妈内心像猫抓似的，怕儿子心里有负担，但他却很平淡。过了几天，培训机构公布了模测成绩，看到他的名次，我们心里顿感安慰。

国庆假期之后，必须面对是否停课搞竞赛这个选择，我们征求孩子的意见，他想停课搞竞赛，我说如果竞赛失利了怎么办，他却说自己高考裸分也能考上。我和他妈相互鼓励，要相信自己孩子的实力！决心下了，就全力做好保障……家里的餐桌彻底变成了他的书桌，全是竞赛的书。每晚仍是要泡脚，他一边泡脚一边听音乐或打游戏。我是从这个时候才认真关注竞赛的，QQ 全国竞赛群内的消息，每晚睡前我不漏一条地学习，同时也开始研究自主招生的相关政策。群里的前辈不止一次建议，不要放过任何一次进清华的机会，无论走竞赛还是综合。

2019 年 3 月，得知清华 4 月份有中学生标准学术能力测试（THUSSAT），我劝儿子要重视，他说很久没看课本了，没希望，还要全力搞竞赛。陪他去参加 THUSSAT 测试时，我一个人在雨中散步，劝慰自己：是专心竞赛还是专心高考，家长内心多迷茫多纠结，也不要在孩子面前表现出来，既然选择了停课搞竞赛，只能风雨兼程、做好预案。THUSSAT成绩出来后，儿子居然是校内第2名，可以去清华暑校了。我真的很高兴，可他却想8月份再去参加东南联赛，东南联赛的时间与清华暑校重叠。我苦口婆心劝儿子去暑校，他却不以为然，认为自己好长时间都没看课本了，在暑校里考不出好成绩；东南联赛成绩好，可以取得清北金秋营的门票。我反复告诉儿子："'高联'后如果你进了省队，同样会得到金秋营的门票。"而我内心真实的想法是，清华暑校是高考后走自招的敲门砖之一。(2020年的强基政策明确后，清华暑校的成绩也出来了，儿子的成绩是最高级别认定。)

从清华暑校回来后，他又夜以继日地准备2019年"高联"。"高联"考完估分后，我问他："如果进不了省队，会不会难过?"他说："傻子才不会难过。"我又问："那难过之后呢?"他说："那就是技不如人，滚回教室去学习。"我再问："回教室后心里会不会有压力?"他相信自己裸考也能上。焦虑的等待之后，儿子进省队了。我问他："听说进省队后竞赛路上会有一个思维飞跃提升的过程，是真的吗?"他说："根本没那回事，做竞赛题，会就是会，不会就是不会。"10月份，他参加了清华数学金秋营，获得一等奖。那时相关招生优惠政策正在调整期，很不明确，虽然我不明白一等奖对高考录取有多大的优势，但我面对儿子CMO冬令营决赛的焦虑少多了。有天晚上，我故作轻松地问："决赛之后你会怎样?"他说："考得不好得回教室，考得好也得回教室。"因为那时CMO金牌签一本约的事大概率已不存在了。我心里释然了。11月的数竞冬令营决赛，我主动要求去陪他。曾有朋友建议我："重大赛事家长还是陪着，哪怕站在那儿一句话也不说，孩子的心也是稳的。"考完试，儿子闷闷不乐。我说再给你一个小时答题，能答出来吗?他没吭声。我说："既然还是答不出来，就别抱怨了，吃饭更重要。"儿子获得了CMO一等奖，同时入选了国家集训队，当天与清华签订了保送生预录取协议。

儿子学竞赛以来，我和爱人一直努力做一个内心强大的竞赛生家长，不在他面前唠叨，也不尬聊，努力营造轻松的学习氛围。我时不时给他写上一两页纸压在他客厅书桌的玻璃纸下，告诉他学竞赛要多与人合作，格局大才会成功，或者告诉他要学会放松。儿子总说："你写了我也没时间看。"我说："写不写是我的事，看不看是你的事。"但是压在那儿的几页纸却从没被扔掉。是否停课搞竞赛、能否进省队和国决、能否得金牌，这些事儿子肯定都是深思过的，他的内心很强大……竞赛归来，也有机构采访了他，却一直未见机构官方微博贴出内容，原来是他对机构讲：不主张劝人学竞赛，有实力的还是走高考裸考为好，竞赛适合学有余力的同学，学竞赛不要功利心太强，竞赛适合真的有兴趣的同学去搞……

作者简介：王进，男，企业管理人员。儿子现为清华大学2020级计算机与科学实验班学生。

越努力，越幸运！
——孩子高中三年的点滴

苏小梅

2015年8月20日是孩子15岁生日。过完生日的第二天，我们夫妻二人就和他怀着对未来的美好憧憬踏上了去往柳铁一中的旅程，这是他第一次远离家乡，开始异地求学。虽然假期他已经学会了洗衣服，但我们还是不放心，其实更多的还是不舍。很幸运，到学校刚好碰上两个同班同宿舍的老乡，虽然不熟，但至少是个安慰。帮他办完手续整理完内务后，我们和他依依惜别，踏上归途，以后鞭长莫及了，这里的一切都只能靠他自己了。

接下来的一周是紧张而充实的军训生活，也是同学和老师相互熟悉的过程。俗话说：儿行千里母担忧。因没有电话他没办法和我们联系，我们无法了解情况，也是备受煎熬，只能自我安慰：没有消息就是好消息。这句话一直成为我们支撑下去的座右铭。后来忍不住打电话给班主任朱老师，知道孩子一切安好我和他爸才放心。朱老师在班级群里发了照片和视频，但我始终没找到孩子的身影。终于等来了军训汇报演出，我马上订票前往，看到儿子变黑了，似乎也长高了一些。可惜天公不作美，汇报演出遗憾取消。但能看到儿子，也是最开心的。

军训结束后，儿子马上就开启了紧张而激烈的学习生活。他所在的班级是年级的“飞和班”，可谓卧虎藏龙、高手如林，而他作为外地生，和本地生比没有什么优势。特别是他在初中从来没有补过课，过得很轻松，他自己也说初中只用了40%的精力，所以在这里他非常不适应这么紧张的学习节奏。他的科目测试成绩不是很好，我们没办法帮忙只能干着急。过了两个星期去看他，只能给他鼓劲儿：尽快适应高中生活，全力以赴。他答应国庆假期回来，这也是他高中3年国庆假期唯一回家的一次。他回来的5天假期里，除了吃饭睡觉，几乎是大门不出二门不迈，每天写作业刷题，这是以前从来没有过的情况，我们感到很欣慰：孩子长大了。因国庆假期过后学校将安排第一次月考，所以他提前两天回校了。当时我们也觉得孩子那么努力了，成绩应该不会太差，但事与愿违，兵败滑铁卢。他英语考试时间安排不合理，慌忙中把答案涂错，丢了24分，成绩倒数，总分排名239名，自信心倍受打击。他没有打电话给我们，我们也是夜不能寐，因为班里另外两个老乡成绩都不错，有一个还进了年级前50名。难道我们当初的选择错了吗？我毫不犹豫地决定周末去看儿子。毕竟考差不可怕，可怕的是不知道错在哪里，所以当务之急，一定要和他好好分析一下原因，知道错在哪里后，我也联系科任老师，对症下药。有了这一次特殊的经历，他吸取经验，段考成绩年级69名，接下来的大考小考，他的成绩都保持在年级40名左右，有时候还进入前20名。他成绩起起伏伏，班里的前几名也是年级的常胜将军，都是他追逐的目标。无论考得如何，每次考完试我都会和孩子慢慢分析丢分原因，并和科任老师及时的沟通交流，但我从来没有想过他能考上清华，包括他自己，毕竟他的成绩离北大清华线还有差距。孩子觉得浙大化学应该是他的最终目标，后来朱老师鼓励他可以再往前走一步——北大化学系（中国化学的最高殿堂）。

心中有梦想，奔跑有力量！柳铁一中为孩子提供了很好的学习交流平台。为了让自己可以多一条路进清北，儿子开始了为期两年的化学奥赛的学习生涯，想通过自主招生进入清北。化学一直是他钟爱和感兴趣的专业，他也觉得这是他今后选择职业的方向。在这两年时间里，除了繁重的课业负担外，他每周还要上奥赛课，几乎全年无休，特别是假期里奥赛课安排得更满更重，我和他爸很心疼，但除了做好后勤保障工作外，其余的都帮不上，所以只能在身后默默支持他。但儿子没有叫过一声苦，乐此不疲。因高手如林，他止步于省级一等奖，没能进入省里集训队，但孩子并不后悔，毕竟有了这段特殊的奥赛经历，以后遇到再大的困难他也能克服。后来，他又想通过报考北大博雅计划来实现目标，为了这个目标他一直不断努力，做好了各项准备工作，每天连轴转。为了让自己保持最好的学习状态，每天早上咖啡是必备饮品，每晚学习到 11 点多，下课了还要和同学们讨论问题，晚上躺床上还要练英语听力，后来他说喝咖啡都不管用了。由于压力大、睡眠不足，有几次只能请假回宿舍补觉休息。我们一直很担心，但唯一能做的还是后勤保障。一直到 5 月 20 日得到消息，北大博雅计划审核没有通过，儿子觉得最后只剩华山一条路了——高考，只能破釜沉舟，咬住青山不放松，往前冲了。结果出人意料，因在准备博雅计划花了太多的时间和精力，导致在生物科上摔了跟头，犯了低级错误，丢了 8 分，这也让他与北大化学失之交臂，而无心插柳，让他与清华结下了不解之缘。他的高考成绩在年级中排第 9 名，也是他史上最好的排名。他自己也说，如果再考好一点，可能他就选择北大了。他的排名从 239 名到第 9 名，很不容易啊，天道酬勤，不负韶华。我觉得一切都是水到渠成，一切都是最好的安排！

他一路走来，离不开老师们无私的辛勤付出！特别感谢的是柳铁一中优秀的教师团队，他们忘我工作，有着丰富的高考备考经验，再加上学校领导的有效管理，为孩子提供了很好的学习平台，插上了理想的

翅膀，让孩子飞得更高，看得更远。

2016 年暑假，学校组织为期两个星期的英国游学活动，儿子参加了，这段游学经历开阔了他的眼界，也提升了他的能力。2017 年，在文庙大成殿举行的成人礼活动，让他感受到青年有担当，民族有希望的情怀，学习更有动力。同时，学校经常邀请国内著名高校的教授及学者来学校讲学，这些活动都增长了他的见识，让他在求学的道路上不断奋勇前进。

高中 3 年，我们家长过得也不轻松，经常要关注孩子的变化，尽量为他创造良好的学习条件。孩子异地求学，刚开始没有直达车，要转两三次动车，很不方便。每隔 3 个星期我和他爸去看他一次，3 年里我把车票都存了下来，厚厚的一沓，见证了孩子的成长。儿子有心里话或有牢骚就等着我们去倾诉，所以做好孩子的忠实听众很有必要。虽然不能和他并肩作战，但每次我们去都可以帮他解决问题，让他感受到我们是他最强大的后盾。

越努力，越幸运！现在儿子很享受清华的学习生活，祝愿他在清华能学业有成，为国效力！

作者简介：苏小梅，女，中学教师。儿子高中毕业于广西柳铁一中，现为清华大学 2018 级工程物理系学生。

欲把优秀着新篇

——我伴儿子上清华小记

曾配兵

在我们每个人心中，求学之路的最大梦想不过是清华北大。但梦想的丰满往往敌不过现实的骨感，要想达到自己理想的高度，何其艰难！但梦想，一定是要有的！

朦胧篇

在我还很小的时候，就感受到教育观念不当会带给孩子一些伤害。但父辈们的观念也多缘于几千年来因袭的封建教育思想、艰苦的生活环境和迫不得已的生活压力。他们传承“黄金棍下出秀才”的简单粗暴的教育方式。这种方式很容易伤及孩子的自尊心和进取心。因此我立志要通过科学合理的教育，让自己的孩子多一些快乐，少一些成长的烦恼。

启智和布局篇

我发现，很多人认为智商是天生的，但我坚定地认为：智商是后天可以培养的。于是，我在儿子刚刚能听懂一些简单的话时，就给他讲一些历史人物的为人之道，带他到街上去识字辨物，帮助他分析各种现象的原由，让他去充分发挥自己的想象力。我有意识地训练他的思维能力，如让他把打开的瓶盖拧上；一起拼图，从简单图形到复杂图形的引导他学习……诸如此类的思维训练，我会经常带他练习。我还会训练孩子的观察能力，常常带儿子去花园玩耍，让他多观察周围的事物……印象最深的一次是我和他奶奶带他到花园里坐儿童小火车：第一次坐完小火车之后，在我们都没有注意的情况下，他从第 6 节车厢下去，跑到火车车头去按了一下按钮，又急匆匆跑回火车上坐了起来。暖心的老板还夸他观察能力强，居然知道怎么启动小火车，还免费让他坐了一次。儿子的色彩分辨能力很强。4 岁左右，我和爱人带他去买衣服，他妈妈问他衣服颜色怎么搭配好看，他出乎意料的配色让我们很惊讶！那时，我认为他一定会是一个优秀的画家。

列举以上几件小事是想和年轻的家长们分享一个经验：对孩子的观察一定要用心用情，认真分析孩子的长处和兴趣点，并大致规划一下孩子未来的发展方向。孩子小时候不一定能很好地理解父母的想法和做法，但我认为：在孩子幼小懵懂的阶段给他们的教育引导，最能影响他们的一生。

落实篇

我经常鼓励儿子参加学校一切可以参加的活动。例如，他上幼儿园时，老师让他在“六一”儿童节演《皇帝的新装》里的皇帝，需要在气温还不高的情况下光着上身表演。我叮嘱他提前做好热身运动，并鼓励他不论遇到什么困难，勇敢去完成。小家伙在节目中表现很好，也没有感冒。

他小学时担任班长，我也教他如何去协助老师管理，如何与同学友好相处。我时常关注他的学习情况，帮助他分析得失原因，找到解决问题的办法。同时，也培养他独立思考的能力和敢于面对困难的勇气。

他喜欢打游戏，这是大多数家长坚决杜绝的事。我认为既然有那么多人趋之若鹜，一定有他的可取之处。堵，不如疏；疏，不如导。我与儿子交流，认真分析游戏的利弊，思考游戏研发、制作、推广背后可能的故事，游戏的目的和用意。慢慢地，他会控制好玩儿游戏的时间，不沉迷其中。从小学到现在，他都是先完成学业后玩耍。抓得住重点，控得住得失。有时他开玩笑说，自己是因玩儿游戏上的清华。

我从不怪罪和批评他每次考试的失败，我认为这是他成长过程中应该走的路。记得他小学时有一次测试成绩不理想，中午回家后气嘟嘟的，饭也不想吃，就回自己房间了。我也没说什么，就当没发生过。之后通过了解得知了情况，过了几天我旁敲侧击地开导他，他也很快就释然了。

在学习方面，我更多的是关注他的感受。小时候，他妈认为不能让他输在起跑线上，给他报了英语培训班，我是不大赞成的。学了两个学期后，我问他感觉如何，他说没什么感觉；问他是否还愿意继续去培训？他说无所谓。我就立即阻止他再去培训班了，生怕他养成学习的惰性。同时，我也帮助他分析如何看待、对待英语这些弱科。无谓的学习，真不如带着他周末去锻炼身体，放松心情，好轻装前行。

我也十分感谢他遇到的每一位认真负责的好老师。为他幼儿阶段的习惯养成，小学阶段的求知问学初探，初中阶段的问路人生，高中阶段的热学广进打下了坚实的基础。

克服焦虑篇

初二时，正值青春期，加上面对中考的迷惘，儿子出现了一些浮躁与焦虑。他经常遇事急躁，不愿意与我们交流，认为我们不理解他，不能站在他的角度思考问题，感觉压力很大。我们不与他正面冲突，而是用更多的亲情来感化他、亲近他，以获得他的理解与信任，让他放下了心中的烦恼，敞开胸怀沟通，从而减轻他的叛逆情绪。我常说，叛逆是一个人成长的宝贵财富。经过青春期的波动后，他变得成熟稳重了，少了些许的年少轻狂。

高三中后期，他也出现过类似的情况。在他的竞赛班里，有好几位同学凭借竞赛成绩签约了清华北大，而他的竞赛和文化课成绩都不理想，文化课成绩跌至年级 900 多名。这时高考临近，想要考上自己的理想大学似乎不大可能，他感觉前途很迷茫，情绪低落，说话很冲。这种情况必须马上解决！我就借帮他提东西的时候，说出了我对高考的感受和理解："高考就是一次炼狱，是涅槃后的重生。当前的你没有其他路可走，唯有一条无愧于心的'华山一条路'，就是静下来把问题弄懂，把不足之处补上，统筹安排，各个击破。再说，你比我们好多了，再差也能上个重点大学的，如果有好的追求，可以到大学里去改变，到工作中去实现呀！"他冷静思考后，制订了自己的后期学习方案，也积极与老师、同学们沟通交流。他在后来的学习中，一步步实现了初衷，超越了自己，离自己的梦想越来越近。后来的模拟考试，他两次考到全市第 2 名，高考时裸分考上了清华大学的电子信息专业，后来又获得了直接读博的资格。

追 求 篇

我经常给他讲："一个人要有大视野、高境界、家国情怀，做一个对社会有用的人才。生活可以平凡，但工作不能普通。"我还经常关注他的学业状况，和他探讨前沿科技的发展走向，有意用科学家的故事来激发他的奋进。人无志，便没了灵魂；树无心，便没了生命。追求，才是生命的主题。

在助他前进时，多了几分不舍；想留住他时，又有许多的不甘。他的远行，必定会带给我们孤独；他的翱翔，必定会带给我们忧伤。

憧憬篇

生命有终点，但人的学习无止境，人的价值无终点。

追求，是一场修行，也是一场苦旅。愿孩子能启程远航，带上避风的港湾，带上父母的心心念念；愿他一路上阳光轻随，春风相伴，安康永远。

作者简介：曾配兵，男，高中教师。儿子高中毕业于四川省绵阳中学，2017 年考入清华大学电子信息系。

我的孩子也上清华了

韩芙莲

我家孩子几乎是一个没有故事的娃娃。

因为孩子考上清华，取经的人多了，聊的事情也就多了，才忽然发现，日常的点点滴滴或许才正是她顺风顺水进入清华的“资本”吧。

女儿没有离家住校之前，我们一家三口每天坚持一起吃早餐——粥、馒头、鸡蛋、炒菜或凉菜，简简单单却不平凡。她爸爸早上不到 6 点准时起床，我和她也在 6 点半左右起来。年复一年，日复一日，一家人，一张桌，从没有谁晚起，也从没有谁不吃早餐。就这样，一直到她进入高中寄宿学校，我和她爸依然如此。

从女儿上小学开始，她几乎每天都是提前半小时到校。我当时没有想太多，只是觉得早点儿去不堵车。她也没有反对，反而很乐意早去学校。现在回想，可能这样无意中培养了她守时的良好习惯吧。

关于接送孩子，我和爱人奉行的是能接尽接。放学路上，我们交流谈心，一路走走停停，谈谈时事，说说收获；看朝阳初升，夕阳西下；看天上云卷云舒，地上草木枯荣……但是，这种恬静惬意的对话环境有时也不免被升学压力打破。初三的下半学期，春意正浓，百花争艳。有一次傍晚接她，她看到路边的迎春花谢了，说了一句，“花开时我还没有好好看看，竟然谢了，真快”。一时竟让我湿了眼眶。本性与世无争的她，不得不反复刷题，不得不为了800米满分，锻炼了整整一年，不得不按照类似于公式的答案来应对文综和语文考试，此中苦痛，怕是连家长都难以感及一二。幸而，苍天不负，中考夺魁。

女儿也上过辅导班，与其说是补课或开拓思路，我更认为是与优秀的一群人共同进步。每个人都有惰性，也会有骄傲自满的时候，每当看到身边比自己还优秀还刻苦的他们，她都会不自觉的抖擞精神，再次扬帆。孩子被裹挟着前进，有时也会感到累，但是，抬头看看身边的同学，谁不累呢，又继续伏案疾书了。

高中的经历是最“不堪回首”的，我久久不愿提笔写这一段时光。

衡水一中，这个响彻全国的高中名校，我们也未能免俗，成为其中的一员。三年间，被身边的熟人一次一次的问，“怎么样，累不累”，“让孩子去那里干什么，太受罪”，“你们是不是非要上清北，孩子愿意不”。实话实说，当时我是不想让女儿去衡水的，但是理性地分析过后，还是做出了选择。随之而来的，是铺天盖地的各种群，各种求学心得，学校方方面面的照片，只有你想不到的，没有家长们不知道的。我自认为是一个不错的家长，却在那时感觉到史无前例的落后。于是乎，每天不论早晚，联谊群的消息一条不落，收藏、下载，拿小本本记好，常常是晚上12点了还在泡群。开学前一天，我的开学宝典还在完善，挂星号的事项一条条的增加。一个学期过后，我得出的结论是根本没有必要，安排的议程进门就乱了，带的物品大部分拿回来了，我能做的，少之又少。还好，女儿进入学校后，夏令营和新的班级里都有认识的同学，这让我很安心。

一个慢性子的姑娘，在充斥着“我要上清华，我要上北大”的操场上飞奔；一个爱静的姑娘，在早读教室里高声朗读；一个愿意慢慢走路的孩子，课间要跑着去卫生间，甚至有时候顾不上去……这是家长眼中的衡中生活。这一天天是怎样过来的，我不得而知，牵肠挂肚。

女儿看我胡乱猜想时都会淡淡地说，“不是你想的那样”。同学们会一起开心的唱班歌，老班时不时会犒劳全班；上课时，也有调皮的同学缓和紧张的学习气氛……这是孩子们眼中的高中生活。

在衡中，你背不下的书，总有人能背下来；你做不出的题，总有人能做出来。反复被碾压的常态化，才能练就超凡的心态，熬得住精彩，熬不住出局，出局也未必不精彩，只是心有不甘。

她高一时踌躇满志意气奋发，拼得好疲惫，顾不得吃饭顾不得刷牙，每天早晨前 3 位到操场，中午 12 点 35 分狂奔去食堂，崴脚了还要义无反顾地去参加 80 华里远足，虽是一个拼搏的好学生，我却免不了心疼。

进入高二，她的成绩慢慢地稳定下来，虽有所下降，但我又看到了一个开心健康快乐的孩子，平静而不焦躁。无论学习压力多大，她依然选择担任班里的团支书，认真为每位“每周一星”书写赞誉美词；竞赛外出培训独自上下火车，自己收拾行李有条不紊。我看到了一个有担当可信赖的有为少年。

因为招生政策变化，又赶上“生于非典考于新冠”，让 2020 届高考考生载入史册。

高三，她的成绩像过山车一样，保持心态平和简直是天方夜谭。尤其是上学期期中考试，创出了历史新低，年级排 1500 多名。我焦虑、紧张，究竟这是怎么了？我有时甚至自己安慰自己，既然这样就认了吧，只要努力了，不后悔，但每次都说服不了自己，深吸一口气，唉……还敢想什么清北，华五！我曾一度很认真地考虑过到底选择末端 985 学校还是一流 211 学校，于是开始搜集资料，问老师，问学生家长，把各路消息想方设法送到孩子手中。总之，高三上学期，我慌了。其实在衡中每天小考三天大考的环境下，孩子们根本顾不上想这些，转身就投入到下一次的备战了。女儿说："每天学习时间还不够用，哪有工夫看你的那些'汤'！我们老师带过那么多届高三学生，什么样的没见过，对我有点信心，好吗？"

寒假初期，因为新冠肺炎疫情，孩子在家里上网课。学习时，我和爱人不弄出动静；休息时，唠叨的话欲言又止，默默地准备各式水果、美食，搞好后勤工作。有个小插曲，不得不说，只要孩子开始学习，她爸爸就睡觉，快下课了，立马就醒，还一直狡辩，说他没睡着，笑得我们娘俩前仰后合，此情此景，哪里还有高三应有的备战样子。高考在即，孩子也有学不懂、答不对、考试不理想、焦虑烦躁的时候，我诚惶诚恐，做事蹑手蹑脚，说话轻声细语，生怕惹来一丝不满，但总感觉家里的氛围莫名压抑。后来，女儿说："我着急，不是因为你，用不着那么抻着，越是那样看着越烦，越来气……。"于是乎，她学习，我开心消消乐，互不干涉。少了一些"你追我赶，永争第一"的死拼，多了一些"举网以纲，千目皆张"的梳理，随着她渐渐地学明白了，家里的氛围也和睦了许多。

后来，女儿说前两年学习竞赛，没有细致地读过课本，没有建立对概念定理的基本认知，靠一些刷题、答题技巧可能瞬间会涨分不少，却会给以后的查漏补缺增添很大困难，解题用到的很多定义、概念，包括公式的推导和证明都是教材上最基本、最原始的东西，这是面对高考最应该掌握的一部分。在学校，她紧跟老师，吃透课本，学过不一定学会，把心踏下来，重新学起；严格对照答案，模棱两可的一律算错，从一开始就严格要求自己，刚开始特别难，但渐渐会越来越顺手，就像一句农民谚语说的"苦不枉受，地不瞒人"。

虽然最终也没能拥有掌控全局酣畅淋漓的痛快，但也是女儿高中3年最好的结果。

现在，女儿在清华读书，家长们常常吐槽各种"卷"。我心里想，其他重点高校何尝不"卷"呢？那些漫不经心的轻松与自如，要么是苦心孤诣营造的"假象"，要么是虚无缥缈的"天赋"。毕淑敏在《山路》中写道："有些事，只能一个人做。有些关，只能一个人过。有些路啊，只能一个人走。一切痛苦都需要自己咀嚼。而且我相信，这也将会是我终身受益的东西。”这一段行程，我们都是初次踏上，偶尔也会感觉前途茫茫，偶尔也会心生厌烦。遇到一段很难很艰辛的路，不妨彻底放一放，静一静，回首看看自己走过的路，定会豁然开朗。我们无法预料自己今后生活的精准轨迹，所幸我们仍保有在不可控中选择自然、笃定前行的自由。让我们边走边欣赏身边的风景，在时光不语的海里携手远航，在静待花开的路上不期而遇。

回首往事，怀念我们一起奋斗的精彩；

放眼将来，期待我们共同成长的花开。

作者简介：韩芙莲，女，高级工程师。女儿高中毕业于衡水第一中学，现为清华大学 2020 级致理书院学生。

教育贵有恒
——我的家庭教育心得

张砾文

说到孩子的教育，每一个做父母的都有一肚子话要说，虽然家庭情况不同，教育方式各有千秋，但目的都是希望自己的孩子能够快快乐乐地健康成长。成长的同时，能够顺畅地通往成才之路，更是每一个家长所憧憬的。那么，究竟应该怎么教育孩子呢？这是每一个父母一生需要研读的课题。

作为一名陪伴孩子走过高考的家长，我目睹了女儿成长的点点滴滴，也充分领会到无论是习惯的培养，品行的塑造，还是人格的养成，都需要家长默默地陪伴，笃定地前行，最终才能春风化雨，玉汝于成。

培养孩子良好的行为习惯

巴金曾说：“孩子的成功从好习惯的培养开始。”作为一名教育工作者，我深深地体会到孩子教育无小事的理念。在家庭生活中，我们时时、处处、事事不忘对女儿成长的引导，小到挂毛巾、捡纸片、吃饭，大到结交朋友、与人沟通、学会倾听等等。比如家庭生活中，哪怕是玩儿过的玩具，也一定要做到“从哪里来放到哪里去”，有时候她想偷懒，我就给她讲道理、勤督促。好的学习习惯的养成是非常必要的，它体现在生活的细节中，比如读书，我从女儿娃娃时期就开始潜移默化地培养她爱读书的好习惯。闲暇的时间，我和爱人定期带她去书店、图书馆，对她今后的学习起到有力的促进作用。再比如作业方面，从上学起，我督促孩子每天放学回家后先完成老师布置的作业，学新课前，先预习一下后面的内容。这些都需要家长日积月累地去引导和示范，如此积小流，方可成江海。

这些看似不起眼的小事情，恰恰造就了女儿扎实的基础和底蕴。也许是我从事初中教育工作的缘故吧，我对她的要求比较严苛，哪些是对的，哪些是应该做的，早早地灌输给她，总是按大孩子的标准引导她。当我在回忆女儿幼年成长的过程时，也总是责怪自己在她小的时候太过亏欠她童年的玩乐。由于工作性质，我每天回到家里精心备课，严谨的批改作业，孩子在耳濡目染的环境下养成了认真做事的习惯。5 岁上学的她，没有因为年龄最小拖沓作业，反而是课上最专注的那个；是知识点复述最准确的那个；是各项活动最积极的那个。其实，作为一个从事教育的家长，我从来没有要求过她名次，而是让她注重每件事情完成的效果。考试也好，参加的活动也罢，从不要求她最后的成绩如何，而是要她认真总结，争取做到每件事情不留遗憾。其实，现在想想，孩子成长中的点滴进步，不正是日常生活中的好习惯成就了她吗？

培养孩子良好的道德品质

作为一名曾在一线工作十几年的班主任，我深知：孩子本是一张纯净的白纸，孩子道德品质的形成，往往在很大程度上受到家长的影响。作为孩子的第一任老师，家长在孩子面前要以身作则，时刻关注自己的言行，树立良好的榜样，传递正能量，要培养孩子的良好性格，培养积极、乐观的心态，教育孩子为人大气，学会包容、宽容、放大别人的优点。家长要积极配合学校的教育，及时与老师沟通，并且根据学校、老师反馈的意见及时纠正孩子的不良习惯，只有家校共育，才能共创未来。

“智慧点亮心灯，道德升华人生。”罗素说，“在世界上一切道德品质之中，善良的本性是最需要的”。善良的孩子，眼里看到的是父母工作的辛劳，是老师每天辛苦的循循善诱，是亲人朋友的热切期望。随着学业的繁重，课业的加深，孩子成长的烦恼、烦躁在高中的时候还是会呈现的。

那个时候，父母的陪伴是调剂的最好良方。当你陪着孩子大快朵颐地吃一顿大餐，专注地听孩子倾诉给“知心姐姐”的一番牢骚，她竟然自动消化掉了自己的坏情绪，最后反而安慰起我这老母亲，让我放心她的坏情绪已经释然，让我安心地工作生活。看着善良的女儿，更多是心疼她的过于懂事。可是，正是这样良好的品质，铸就了孩子面对困难的强大内心，促使她坚定地迈向清华的大门。

培养孩子广泛的兴趣爱好

我主张让孩子多些兴趣爱好，女儿从小对舞蹈、书法、绘画、乒乓球都有所涉猎，对钢琴更是喜爱有加，在兴趣的指引下，她在钢琴领域取得了不错的成绩。作为老师，我希望她成长为德智体美全面发展的少年；作为家长，我更希望她在自己喜欢的领域中获得成功。

回忆起女儿成长的路上，她没有过周六周日的任意玩耍，没有过周末专门写作业的时间，没有过别人言语里过于疲乏的表情。有的是周末乐此不疲的书法、美术、舞蹈、钢琴等课程的赶场，有的是特长班里小伙伴们的欢声笑语，有的是校园艺术节上女儿让人叹为观止的表演。如果问孩子有过“抱怨”吗？还真有一次，也是唯一一次。还记得那是与女儿在高中的一次畅谈中，她说：“妈妈，当初你应该让我再坚持练一年书法，一个练习书法时间影响不了我的成绩，可是，正因为这没有学稳的字体，让我高中忙于赶速度的同时，感觉字都变形了。”其实，她说得这些是多么有道理啊，一个好的习惯坚持下来是受益终身的。

每每品味和孩子的交谈，时而会不自觉地笑出声来，时而会泪花萦绕眼眶，女儿没有抱怨过我对她年幼教育的诸多要求，反而遗憾因为上了初中，舍弃了很多爱好。女儿还会在长途电话里倾诉对老母亲的钦佩：“妈妈，你咋那么英明呢，小时候就锻炼我的口才，那个时候的小主持人，如今站在了我们四系联合的零点钟声舞会主持台上。”

善良的女儿总是用欢声笑语慰藉我的惦念……

“播种行为，收获习惯；播种习惯，收获性格；播种性格，收获命运。”让我们在家庭教育的道路上继续探索，用心呵护孩子的健康成长吧！

作者简介：张砾文，女，教师。女儿现为清华大学2020级土木水利学院学生。

努力着　成长着　收获着

——我送孩子上清华

刘秀英

儿子进入清华园已半年有余，我时常想念他，也时常想起他从小学到初中有书法、乒乓球相伴的快乐时光，想起他并不轻松的高中生活，特别是令人纠结的物理奥赛和让人头疼的英语短板。

令人纠结的物理奥赛

高中生活刚刚开始，学校便向成绩优秀的孩子们介绍学科奥赛。之前我也向同事们打听了解过一些，但我始终认为我们来自小县城，儿子又没有奥赛基础，尤其是数学、物理内容深奥，怕他难以适应，所以我和他爸爸不是很赞成儿子参加奥赛培训。但是由于孩子在学校，我们和他交流的机会不多，直到班主任把他报名的结果公示出来，我们才知道他选择了物理奥赛！我们知道儿子不是那种随随便便就做决定的人，想必也是费了一番心思，奥赛是利用节假日和周末时间学习，我们也就没多说什么。

转眼间到了高一暑假，“叶圣陶杯”作文大赛预赛结果出来了——一等奖，他获得了复赛资格，能和小伙伴一起去北京参加作文比赛，他很高兴！过了几天，儿子说想跟学长一起去参加物理实验培训，培训时间却与作文比赛时间冲突了，两边赶都来不及！而且实验培训的理论内容他还没学，听也听不明白，于是他决定只参加后面的实验操作学习，前面的理论自己先学一学，会多少算多少。这让我很为难，语文老师也觉得不去参加作文比赛就浪费了一个名额，失去了一次提升作文水平的机会。儿子却觉得自己能争取到这个奥赛学习机会很不容易，本来奥赛老师没打算让他去。纠结的他就像鲁滨逊一样，自己在一张 8 开纸上把物理奥赛学习的有利条件和面临的不足一一列出，又把作文大赛的优势和自己的劣势详细列出，比较再比较，权衡再权衡。我跟他爸则是引导再引导，跟儿子讨论再讨论，毕竟语文是大科，作文一项在语文学习中更是举足轻重。好说歹说，他终于答应把烧钱的 12 天奥赛培训放弃了，我睡了一个安稳觉。结果第二天早上睁开眼，儿子跟我说：“妈，我还是想去做实验！”我能说什么呢？

一晃到了高二下学期，3 月份开始，我就陆续听到有人说，学习奥赛的同学要停课，专门拿出时间学习奥赛知识，直到奥赛结束。当时自主招生政策也传言有所变化，形势不明，如果刚上高一我可以听从他的选择，但是现在让他撇开高考复习内容，五六个月脱离班集体，离开大部队，作为妈妈，我无论如何也说服不了自己。而且由于长时间把空余时间贡献给物理奥赛，他的语文和英语两门语言学科学习根本不在状态，特别是英语，满分150分，过130分的时候不多。儿子对于我的担心很不以为然，他说正好可以借停课的时间好好补补英语，他还编排了详细的课程表，包括忽视已久的语文。计划看似很完美，但是执行力度怎么样谁能打包票？我能打听的都打听了，该咨询的也都咨询了，最终没有得到一个确切的答复！儿子跟每一位老师打了招呼，了解了老师的下一步教学计划，然后就开始从教室往回搬书，准备开启自己单纯的奥赛学习之旅，去实现他的省队之梦。万般无奈之下，我求助了一位德高望重的老教师，老师以前教过英语，对于孩子的情况也比较了解。老师跟儿子交流了大半个下午，孩子就像脱了缰绳的马又被牵回来了！因为五一假期之间的培训费已经交了，他愿意去参加，我也就依了他。我和他约定，这个培训结束后，就全力以赴准备高考。就这样，直到高三上学期9月份物理奥赛考试前，儿子要求停课4天把知识梳理一下准备参加考试，我一口答应，让他自己跟老师请假。没想到他过了笔试，进入实验环节，对于实验考试，临阵磨枪，儿子跟他们一起培训的学长（学长是前一年的省一获得者）请教了半个小时。两个实验考试在几乎懵圈的情况下结束，总成绩竟然全省53名，还得了省级一等奖！

让人头疼的英语短板

依我看，儿子对语言学科的学习并不排斥，从小学到初中，各科成绩齐头并进，并没有明显的弱科。但到了高中，英语初高中内容跨度较大，他又把大把的时间放在物理奥赛上，英语成绩就不那么乐观了。高一升级考试，英语120分；高二升级考试，英语125分。自从决定放弃停课学奥赛，他的英语学习才算是真正开始发力，英语老师也是倾尽全力帮助他，帮他推荐了“小芳英语”公众号，让他结合软件从最基本的单词入手，稳扎稳打，需要记的单词每个写 3 遍，每天写一张，稳住了他的备考心态，也打消了我急功近利的念头。

寒假期间，我带他拜访了一位学姐，这是我同学的女儿，学姐的英语很棒，在人大读大三，作为交换生在英国进行了为期半年的学习，刚刚回来，学姐用自己的切身体会告诉他提升英语成绩并不难，多听多说多练，现阶段多刷题一定见效，效果一定明显，学姐当年的英语老师也曾是他的英语老师，两人聊得很投机，同时这也更坚定了他学好英语的信心。

2020 年突如其来的新冠肺炎疫情，彻底打乱了孩子们的开学时间，打乱了老师们的复习计划，也打乱了我们的生活节奏。他爸爸从年初二开始天天奔赴在抗疫路上，我们娘俩就天天待在家里，儿子天天上网课，我也天天给我的学生上网课。有一天，他的老师反馈，他并没有跟老师节奏走，除了班主任的数学课，没有一科跟上老师的进度，阶段检测，成绩也不理想。一次语文检测，作文用的是以前的一个题目，他就把上次作文上传的照片发过去，改也没改。老师给我打电话后，我彻底爆发了，把儿子劈头盖脸数落了一通，儿子哭了，我的肺也炸了！我知道他物理课已经拿出一部分时间贡献给英语，但怎么别的科也不跟老师的进度呢？他说他不想英语给他拖后腿，他相信学姐的话，想验证一下，这几天他一直在刷五三（《5 年高考　3 年模拟　高考英语》），别的科他只是看同学们反馈上来需要答疑的内容，也已经跟几位老师进行了沟通，并得到了老师的指点和理解。写到这里，我禁不住泪点莹莹。在那个特殊的日子里，我非常感谢他的每一位老师，在家长焦虑、孩子迷茫，疫情形势非常不明朗的情况下，老师们贴心的帮助、耐心的指点，给了孩子们无穷的信心和力量！我也听从老师的建议，给儿子写了一封信，表达了希望跟他多沟通，表达了不想他在备考的关键时刻走弯路的迫切心情，儿子的心结打开了，学习劲头更大了。

在疫情后开学前夕，他跟我提出来要拿手机进学校，说单词积累还没有达到他预定的目标，他估计到一模结束差不多能完成目标，到时候会主动还我。我很忧虑，学校是不允许带手机的，我征询了英语老师的意见，英语老师也相信他会处理好的。有老师这句话，我也就不说啥了。疫情期间在家的这几个月，他的手机屏保都是清华大学物理系薛其坤院士赠给2020届毕业生的话：自强不息，追求极致，挑战极限，创造未来！他的高考倒计时复习计划本的扉页上贴着寒假课堂期间薛其坤院士的亲笔签名，我相信他有明确的目标，我也相信他不会拿自己的前途开玩笑。我心里只有默默祝福，祝福这个心中有梦的孩子！

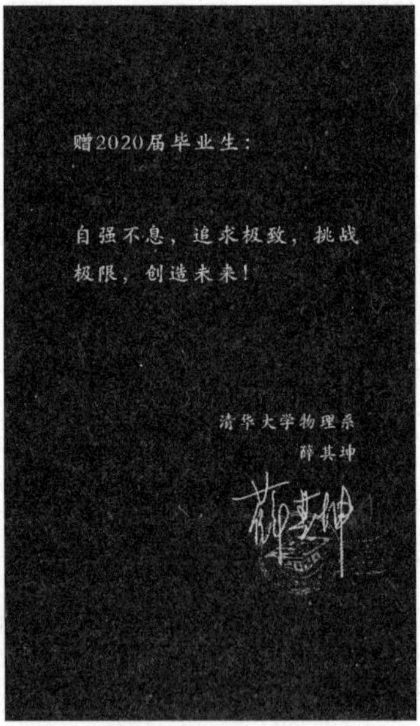

高考成绩出来后，最令人意外的就是英语，竟然考了 145 分，比第一名就差 1 分。在今年寒假高校宣讲活动中，有个学生家长问他："你英语考了 145 分，有没有学习经验分享给学弟学妹们?"没等儿子说话，他的同学纷纷吐槽："飞哥每天狂记单词!""飞哥物理课学英语!""飞哥化学课也学过!"……听着这些，我的嘴角禁不住悄悄上扬。

上高中前的那个暑假，我们一家三口随旅游团来到清华东南门，我让他拍照，他不太情愿，说："3 年后咱就来了！" 3 年后，他真的来了，穿着同样的衣服，同样的鞋子，还是那个老地方，又拍了一张，只不过这一次，他来了就不用着急走了，这将是他未来挥洒青春的地方。一个梦想，点亮整片天空。

不论过去、现在、将来，儿子一直行走在成长的路上，一直努力着，成长着，收获着，丰富着自己的行囊！但凡有成绩者，谁又不是呢？

作者简介：刘秀英，女，教师。儿子高中毕业于寿光市第一中学，现为清华大学 2020 级物理系学生。

心相随　爱相陪

王风云

儿子上初中时，办公室一位大姐的娃正好上高中。她每天拖着疲惫的身子穿梭于家、单位、学校，一到办公室倒头就睡，没事的时候就给我传授高中注意事项：每天要陪孩子写作业，到凌晨也要陪；稳住神，多和孩子沟通；暑假要上辅导班，多给孩子提供学习和高考的信息……

转眼儿子初中毕业，回想大姐的教诲，我仍是一头雾水。我是一个中师生，对于高中生活、高中知识真的一无所知，更谈不上指导儿子适应高中学习的节奏了。这一届又遭逢高考改革……真是屋漏偏逢连阴雨啊。

一个人的初高衔接班

同事大姐说一定要上初高衔接班，高中课程有难度，提前学是很有必要的，可以缓解开学后的紧张，更快适应高中生活。

说干就干，我先是联系了一个知名的辅导机构，钱也交上了，可是儿子说啥也不去；我又联系了他同学的妈妈组织的辅导班，他乐颠颠答应了。第一天是高高兴兴去的，第二天是拖着屁股扯着腿去的，第三天说啥也不去了。我很生气又不敢表现出来，正想着怎样斗智斗勇时，他却给我上了一课："妈，第一天讲初中的知识，第二天只涉及一点儿高中的知识，速度也很慢，这是浪费时间、浪费生命。我在家自己学，总可以了吧?"

"不是没想过自学，初中以前的，我可以陪你一起学，和你比赛学，给你指导着学……可是高中知识为娘实在做不到啊，怕浪费时间，怕误导你啊!"

"没事。你只负责给我买课本就行，至于辅导，你就指望不上了；另外你负责给我提供信息，新高考的一切信息。"儿子下命令了，这事没得商量。这个年龄的孩子，逼迫是绝对不可以的，感觉他说的也似乎可行，那就执行吧。

我咨询了高中老师，得知我们这边用的数学教材是 A 版，听闻某著名高中用的数学教材是 B 版，上网查阅发现：两个版本，难易程度略有不同，编辑模块略有不同，侧重点不同，使用地区不同。某专业人士还说 B 版更利于自学，更全面，注重揭示概念的本质，知识点与知识点之间的联系也更紧密……

于是一个人的初高衔接班开始了。

学习规划与升学规划

经过衔接班的折腾，数学算是正常"开课"了。可是"得语文得高考"的呼声随处可见，"英语不容易得高分"的提醒经常敲击着脑门，"物理好学难懂"的声音也是此起彼伏……有人说"理科生拼语文，文科生拼数学"，作为第一届新高考的考生，已经不存在文理分科，选科定方向的问题也提前抛了出来，现阶段下，到底应该学什么？怎么学？各科怎么用时？

从知识量上来看，数学毫无疑问是最大的，计算量大、考察范围广，考试时间也是最紧张的，再加之数学竞赛的需要，这个假期的一大半时间要用来攻克数学。

初中前的那个假期学数学是“以练促学”，做题、做题，不会的时候回头翻看一下教材，然后继续向前走，就好像老牛犁地似的一口气啃完。在没有好方法之前，也只能沿用着老方法学习高中数学。但高中知识毕竟与初中不一样，学初中数学是驾轻就熟，一直推演下去；学高中数学时不时遇到一块隐藏的石头，再加之儿子是一个提前两年入学的孩子，有些知识在此时我感到似乎达到了他的天花板。这时候正好中考成绩下来，他以比第2名高19分的成绩摘得中考冠军，这给了儿子学下去的勇气和毅力。每天早晨听读英语，上午犁数学，下午去游泳馆和小提琴室，累的不亦乐乎。

学到高中数学（必修三）的时候遇到了问题——遗忘！这是以前不曾有过的，怎么办？怎么解决？阶段性复习？这对于他来说不太适用。多年来发现，这家伙喜欢往前冲，对新知识感兴趣；再者，这本身是一个预习，再拿出时间来复习，有必要吗？分析后发现，遗忘的原因除了知识本身的难度，还有就是知识之间的联系没有搞清楚，解决这个问题的办法就是“以考促学”，每隔一段时间我就给他增加一次综合测试。这样就能暴露他的薄弱点，能让他一眼看出失误在哪里，思维断点在哪里。就这样，数学在开学前大概的学了一遍，跟教练乐呵呵的搞竞赛去了。

语文和英语均需要积累，语文不容易得高分，但是也不会得分太低。英语不是母语，得高分容易得低分也容易，暑假对于双语的安排就是语文看书拓展视野，英语每天听读。

政、史、地、理、化、生需要选科，儿子没有选择的余地，因为高二要考少年班，只能选纯理科。我和爱人也害怕为了一个虚无缥缈的少年班耽误了高考，毕竟是一分一操场的山东大地，也咨询了机构和老师，均建议文理搭配。儿子坚持选择理化生，忐忑不安的我们再次听从了孩子。物理教材用B版，计划高一寒假开始，暑假“学”完。生物和化学相对“简单”，知识零碎记忆多，随老师进度走。

考少年班是在儿子4岁上学时播下的“种子”，只随口一说一直没有真正去做，现在拿出来准备搏一搏，也算是一条升学途径，至于结果并不重要，就当是练兵。其他的升学途径实在是小白，感谢老天，让我在需要的时候遇到了中国科技大学、北京大学、清华大学的热心前辈。在他们的指导下，我根据儿子的情况大概确定了几条路：少年班、竞赛保送、裸考、自主招生（至这一界高考时成了强基）、清北的综合评价招生（领军和博雅后来合并于强基）、高水平艺术团；目标城市：北京；目标学校：清华大学、北京大学、北京航空航天大学、北京理工大学、北京邮电大学。

有途径、有目标，剩下的就是“交通工具”，一切也就顺理成章。权衡利弊后，我们做出选择：少年班，不刻意准备；竞赛重点抓，因为喜欢，不能保送也坚持；裸考需课内综合优秀，尽量保持得分率，这是重中之重，也是基础。提到得分，就想多唠叨几句，我从没有给孩子要求过成绩，特别是名次，以前一直重视的就是他的知识积累。至于名次真的不重要，咱的第1名可能是人家的第100名，咱的几十名也许是人家的第1名，名次没有任何意义。至于其他几个途径就暂做备胎了。

陪伴——坚持的力量

高中3年孩子走读，除他的一日三餐和接送外，我犹如阿拉神灯一样，只要需要，5分钟之内现身。

高一英语竞赛复赛，他需要去另一所学校，8点半考试，得到通知的时候已经近8点，我在上班路上，立即调转车头赶到学校，带着同行的几个孩子冲到考点，远远地看到外地大客车载来的其他同学时才舒一口气；

暑假，陪儿子去日照、潍坊参加奥赛，为了节省等车时间，为了数学竞赛少请一天假，我和爱人夜间开车来回，路上的时间就是孩子的休息时间。

高强度的学习犹如一根紧绷的橡皮筋，儿子终于有一天崩溃、大哭。我太理解他了，从小就无忧无虑的生活，突然拉紧弦谁也受不了。那天下午，我给他请了假，带他漫游在市郊荒野，不说话，放空心灵，清空大脑。

天渐渐暗下来，夕阳给枯槁的草木镀上了一层斑斓，也映照在孩子的脸上，红扑扑的，他说："回去吧。"

我知道这只是一时缓解，回到学校又是紧绷神经。适应是一个过程，高考又不给时间！忙里偷闲，每天放学载着他绕道回家，有时候绕几个街区，有时候绕附近那几所大学，到家时一般是10点半，缓解了疲劳，又增加了"焦虑"——浪费时间。这样断断续续持续了几周后，儿子不再让绕道，一切恢复正常时间点，一直都是10点几分到家睡觉，6点起床。

焦虑也许是高中的代名词吧，不在焦虑中就在焦虑的路上，总有"摁倒葫芦浮起瓢"的感觉。高二高考结束后，少年班和少创班均高分通过，由于外界的各种劝说，又一次将他推到了人生路口。抉择大事，作为父母是不可以也不敢给他做决定的，只能将利弊详细列出，自己选择。

顶着满天星星，我和儿子坐在楼顶，望着高速、望着高铁、望着小区……直至高铁末班车停了，路上车少了，小区路上没人了，一连三天就那么默默坐着，偶尔哭一阵。我总告诉他："儿子，你要让自己的心能接受明年的一切状况你才可以'屈从'，也才会无悔今天的选择，无论你做出什么选择，爸妈都支持你！"

第四天，他便收拾东西回学校了，乐颠颠地开始了高三的生活，就像什么事情也没有发生过。

学习上的好帮手，迷茫时的指引者

儿子语文最菜，一百零几的分数实在拖后腿。语文也不难学，除了积累，就是“套路”，怎么就得分低呢？

我仔细分析后发现：他的得分作文总是二类文中低档，现代文阅读得分低。哪里不会补哪里。作文主要是素材积累，咨询了语文老师和几位前辈，结合网上的建议，我重点整理了名人名言、时事热点、成语词汇、优美句子等等。第一步整理出来，让儿子勾选一下；第二步录音，把整理出的内容录好，在吃饭或者休闲的时候让儿子当作“美文”听一听。

现代文阅读则是笨办法，精选汇总材料、做题，红笔批阅，蓝笔总结。功夫不负有心人，付出就有收获，高考语文大丰收！

儿子英语成绩一直还可以，但这一科是不可以放松的，每天听读训练的提醒任务便由我完成。每天起床后，我就开始放英语录音，每天将儿子阅读中产生的生词查阅出来，总结好给他。由于每天阅读的篇目不等，多的时候我要熬夜到凌晨 1 点查完，然后 4 点半再起床蒸煎炸煮做早餐。“妈，你白天一定多睡会儿。”一句暖暖的嘱咐让我的累和困顿时全消。

还有两个月高考时，学校要求住校，我的心天天猫爪似的，但是新冠肺炎疫情防控大于天，儿子也只能带上 MP3 和老年机住校。第二天一模考试，他考数学时睡着了，醒来时考试基本结束，一模数学考了一百多一点。后来我了解到，没有住校的孩子是哪个宿舍有空位就塞在哪里，他们宿舍另外 3 个娃晚上熬夜学习严重干扰了他，一模后他找老师调换了宿舍。我了解原因后做了两件事，一是联系了招生老师说明情况，二是到学校做了宿管。那一段时间我最重要的作用就是准备每天的励志小纸条和漂亮的即时贴，我写完贴在他宿舍，再配上香喷喷的饭菜，轻松愉悦在最后一个月里又找了回来。

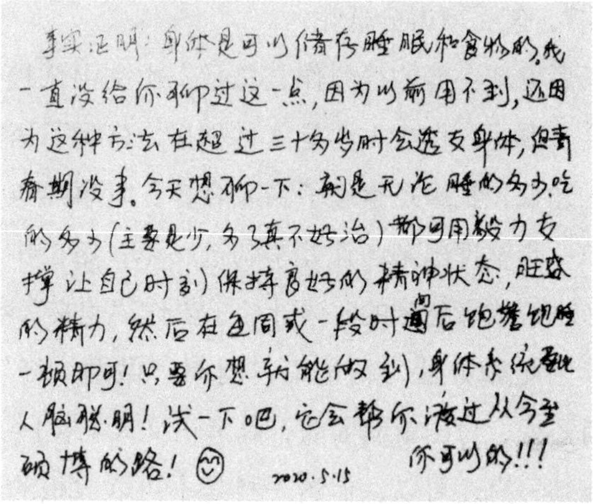

事实证明：身体是可以储存睡眠和食物的。我一直没给你聊过这一点，因为以前用不到，还因为这种方法在超过三十多岁时会透支身体，但青春期没事。今天想聊一下：就是无论睡的多少，吃的多少（主要是少，多了真不好治）都可用毅力支撑让自己时刻保持良好的精神状态，旺盛的精力，然后在周末或一段时间后饱餐饱睡一顿即可！只要你想就能做到，身体系统要比人脑聪明！试一下吧，它会帮你渡过从今至顽搏的路！☺

2020.5.15

你可以的!!!

一路风雨，一路磕绊，默默守候的永远是父母。父母是力量、是靠山，这份力量是爱，这座靠山是情。孩子啊，无论你在哪里，无论你怎样，都是我爱的孩子。

心相随，爱相陪！亲爱的孩子，爸妈永远支持你！

作者简介：王风云，女，教师，国家二级心理咨询师。孩子高中毕业于泰安一中，现为清华大学2020级信科学院学生。

成长见证

刘春梅

“妈妈，您就放心吧，今年有很多同学在学校里过年，学校还给我们发了春节礼包，我给您和爸爸订了一套写真作为新年礼物，等新冠肺炎疫情过去你们来北京的时候我带你们去拍照……”

春节前夕，接到女儿的电话，由于疫情原因和实验任务，她今年春节不能回家了，想到孩子第一次不在我们身边过年，心里满是牵挂。

与本科就进入清华大学读书的孩子不同，女儿进入清华读书颇费了一番周折，先是第一年高考失利复读，第二年再考依旧没能如愿，大学毕业后通过推免才走进了清华园。作为母亲，对女儿的成长有着深刻的感悟和印记。

培养孩子要从娃娃抓起

古语说，三岁看大，七岁看老。童年是人生的起步，是可塑性最强的时期，对孩子的培养教育越早越好。

女儿出生于1996年。记得我怀孕7个月的时候，一个雨后的傍晚，家里的院子里忽然飞来好多只燕子，屋檐上、晾衣绳上、地上到处都是，足足有上千只，叽叽喳喳地叫个不停，孩子似乎也感受到了这欢快的场面，小脚在肚子里乱蹬，十几分钟后燕子又“呼”一下都飞走了。她姑姑开玩笑说：“这是‘百鸟朝凤’呀，嫂子你怀的肯定是个女孩。”年末孩子生下来果真是个女儿。看着她红扑扑的小脸蛋，我知道又一份责任落到了肩上。

为了锻炼她的语言能力，从她生下来我就给她讲故事、让她听儿歌，有时间就和她说话，促进她语言的开发。女儿7个多月就学会了喊“爸爸”，到1周岁，基本就可以和我们进行简单的对话了。她稍大一点时，我就尝试着让她撕报纸玩儿，又买来很多玻璃球，让她把玻璃球从一个罐子里拿到另一个罐子里，一开始她的小手都捏不住，后来越拿越快。我又给她增加了难度，改成用筷子夹，完成任务了就给她奖励，有时她一玩儿就是半个多小时，手脑的协调能力得到了锻炼。

女儿两周岁半就上了幼儿园，是班里最小的孩子。每天早晨去幼儿园的路上，她都会可怜兮兮的对我说：“妈妈我不去幼儿园，我去奶奶家。”到了幼儿园门口，又说：“妈妈早点来接我。”但我没有妥协，坚持让她按规定时间上下园，慢慢地也就适应了。

同时，我开始注意培养她的规则意识。在幼儿园门口，我经常会看到有的小朋友经不起商贩的诱惑跟家长哭闹买东西的，上幼儿园第一天我就告诉她，路上妈妈不会买任何东西，需要什么，回家后再出来买。去串门或者去逛商场，看到自己喜欢的东西没有经过允许不许碰，按时睡觉起床，见到长辈主动打招呼等等。有一段时间她性格比较内向，不爱和外人说话，为了锻炼她的胆量，我带她去石家庄参加了河北电视台《超级宝宝秀》节目的海选活动，经过了这次锻炼，女儿变得越来越开朗。

童话是孩子的至宝。她最喜欢听《皮皮鲁和鲁西西》的故事和芬兰童话，我不但讲给她听，还让她给我讲，好多很长的故事都能复述下来。中班的时候，有一次幼儿园举办讲故事比赛，她惟妙惟肖地讲了《小壁虎找尾巴》，得了第1名。后来老师经常让她在班里给小朋友们讲故事，落了个“故事大王”的美誉。

快上小学了，为了做好幼小衔接，我给她做了好多拼音卡片，让她在生活中学，比如吃水果，要用拼音拼出来拼对字母才能吃。在算术上，教给她“凑十运算”法，熟练地掌握了20以内的加减法。我还给她买了《少年儿童百科全书》《蓝猫淘气三千问》等书籍，有时间就给她讲，扩展她的知识面。一次，班里上公开课，全区的幼儿老师都来听课，老师讲到人体最小的组织是细胞，女儿举手问老师染色体比细胞大不大，让老师措手不及，表现出了强烈的求知欲。

优秀的习惯是孩子成功的基础

俞敏洪曾经说过：“一个人之所以优秀是因为有优秀的习惯。”而习惯的养成是一个长期的潜移默化的过程。

女儿5周岁9个月就上了小学，没想到上了不到1个月，说话就开始结巴，她变得不敢说话了，咨询医生才知道是因为她比班里同学年龄小，想到了但语言表达不出来，一着急就结巴。我和她爸鼓励她勇敢地讲话，想好了再说，不要怕同学们笑话。过了一段时间，口吃的毛病慢慢地就好了。

那时还没有智能手机，但家里早早地就买了电脑。她上小学后，我规定她只能周五和周六晚上看电视，电脑不允许自己开。当孩子学习时，我和爱人就看书，这个习惯一直保持到她初中毕业，直到现在我的名字还在区图书馆的借阅排行榜上。

我们也打过孩子两次。一次是因为说谎。她的表哥告状说她有很多零花钱，经过“审问”，原来是她自己偷偷地从家里拿了钱和表哥一起去买文具和零食。虽然我知道这个年龄的孩子还没有清晰的是非对错的概念，但如果以后养成坏习惯后果将不堪设想。于是，我和她爸跟孩子进行了谈话，告诫她一定要诚实，需要钱要和家长讲明白，从此她再也没有偷拿过家里的钱。还有一次是她和爸爸怄气，把自己锁在房间里怎么说也不开门，她爸爸一气之下把门锁弄坏了，告诉她有问题要沟通，怄气只会钻牛角尖，到现在门锁也没有换。

女儿喜欢跟着我们小区里一群比她大的哥哥姐姐玩儿，有一次回家向我哭诉，说她踢毽子踢不了几个，他们不愿带着她玩儿了。我跟孩子说，不能服输，把哭的时间拿出来练习，踢得多了他们就找你玩儿了。她记在了心里，在家里苦练，有时间我也和她一起踢，越踢越多，慢慢地就和那些大孩子们融在了一起。去年春天，她参加清华大学网上运动会的“一分钟踢毽子”比赛，踢得比学校专业队的队员都多。

为了开阔女儿的视野，一到假期我们就带她到各地旅游。三年级的时候，课本里讲到在北京自然博物馆里的黄河象化石，她非常想去看一看真的化石，于是国庆节我们便带她专门去参观。那天在天安门广场看完升国旗后我们便赶往自然博物馆，排在了第 1 名，没想到当天自然博物馆的水族馆开馆，她被邀请和馆长一起为新馆剪彩，让她备受鼓舞。这些年来，我们带女儿参观了很多的博物馆，逛博物馆、看展览成为她业余生活的一部分。进入清华后，她还担任了清华大学艺术博物馆的志愿者，为广大文博爱好者献出了自己的一份热情。

健康是一切的前提。从一年级开始，每个周末我都送她去乒乓球馆打球，一直打到五年级，增强了她的体质。三年级时，我又请了一位老先生教她拉二胡，每天都坚持练 1 个小时。她的二胡独奏《良宵》还在全区艺术汇演中获得了一等奖。老先生做过老师，当过律师，支过边疆，琴棋书画无所不通，除了教她拉二胡外，还让她涉猎了多方面的知识。我当时想，如果万一女儿考不上重点高中可以走艺术生，现在回头看，尽管没有走艺术这条路，但这段经历对她的人生影响很大，学到了很多课本上学不到的东西，而这个爱好也一直保持了下来，闲暇的时候她会拉上一会儿，为紧张的学习生活增添了不少情趣。

实事求是地讲，孩子上学后，我和爱人对她的成绩一直看得很淡，总觉得跟上大溜就行，她也很少能进班里前 10 名。四年级的时候，学校让女儿参加了一个“让每个孩子都成才”的才艺比赛，她顺利晋级，在西柏坡进行了复赛。后来怕耽误学习，我跟她商量放弃决赛，如果期末考试能考进班里前 3 名，直接带她去决赛地上海旅游。没想到孩子的学习热情一下子就上来了，期末考试真的考了第 3 名，我也兑现了承诺。到六年级时，她保持了第 1 名的成绩。不得不说适当的激励真是小孩子进步的催化剂。2008 年小学毕业，她还被评为了全区十佳少先队员。

那一年，汶川大地震，女儿第一次懂得了生命的可贵。她把自己之前参加“全球华人迎奥运征文”比赛发表作品的稿费全部拿出来，一部分捐给了中国红十字总会，剩下的买成文具和小学毕业学校奖励的书包一起寄给了灾区的小朋友，虽然只有 50 元，但她献出了自己的一份爱心。

高的逆商是孩子成长的法宝

人的一生不可能一帆风顺，一个人只有具备了强大的抗挫能力，才能走得更远。

要上初中了，我们一家人在上公立学校还是私立学校的问题上出现了争执，最后尊重女儿的意愿选择了公立学校，但在老师的要求下她参加了一所著名私立学校的招生考试。清楚地记得她这次考试语文只考了 78 分，这对孩子产生了极大的触动。这时，她爷爷给她讲了自己上高中时因家里困难退学，又经过两年重考复学，最后考上了大学的经历，让她深受鼓舞，整个小升初的暑假她都在查漏补缺，小学期间英语的课文全部都能背了下来，为初中打下了一个好的基础。

初中3年，她的成绩一直名列前茅。那时，她每个周末用一天的时间做完作业，周日做课外题集。每天利用洗漱吃饭的时间听英语，我怕误导孩子，从来不辅导她的功课，也没有上过辅导班，有了不会的题就自己记下来到学校问老师。上初中后，没有时间拉二胡了，但是专注的习惯让她听课特别的专心，成绩也越来越好，到了初二基本就是年级第一了，她毕业时还被评为了衡水市优秀班干部。

初中期间有两件事特别难忘，第一件是去北京观看奥运会。为了鼓励孩子，我和爱人特地选了在北京大学体育馆举行的乒乓球比赛。观赛之余，在长城上遇到了一位残疾运动员火炬手，她主动去和火炬手交流并合影，这位火炬手的精神让她明白了“世上无难事，只要肯登攀”的道理。第二件是在上海世博会上，我们鼓励她与展馆的外国工作人员用英语对话，由于她英语水平所限，交流起来并不顺畅，但工作人员提议用普通话交流，化解了尴尬，也让她认识到了自己的不足和外面世界的精彩。

中考结束后，她参加了衡水中学的面试并被公费录取。进入衡中后，第一次周测，她的成绩排到了班里的后面，在电话里就哭了，我赶紧鼓励，并和班主任联系，让老师给予关注，老师笑着说这种小测试不要当回事。第一次调研考试出分的晚上，女儿睡觉后，我和爱人坐在电脑旁，不停地刷新，11点多分数出来，没想到竟然进入了年级前10名，增强了她的自信心。

分班的时候，她的成绩按文科排名比较靠前，可她喜欢的地理和生物分属文理科，在纠结了几天后我们选择了理科。分班后她还是班级第一。尽管后来分班时成绩远不如她的学生在文科班里叱咤风云，但选择了就不要后悔。

高一期间她基本都是班里前几名，还当选了学校的优秀学星。升入高二后，各地的学霸纷纷显出超强的实力。有一段时间，她看到同学们一个又一个超越自己，陷入了彷徨，甚至怀疑衡中的模式究竟适合不适合自己。高二寒假，我带女儿到当地的一所高中请老师给她讲题，顺便带她在学校转了一圈儿，在看过学校的环境和学生们的学习状态后，她庆幸选择了衡中。

三年间，她的学习成绩起起落落，记得刚去衡中那会只要排到 200 名之后我们就和班主任联系，到高三下学期调研考试后连成绩都不再查询，只是叮嘱她把每次考试作为查漏补缺的机会。

高中期间，女儿不仅收获了知识，更收获了成长。学会了独立，学会了与人相处，学会了团结协作，学会了包容互助。懂得了照顾自己、关爱同学、体贴父母。假期返校的时候，她会带一些好吃的给没回家的同学；开学搬东西，她知道了让妈妈拿轻的。高二成人礼，当我把她从幼儿园到初中的老师写给她的明信片交到她手里时，她激动地哭了，我想她的热泪中满怀的是感恩和责任。在学校的成长档案比赛中，我和女儿一起制作的作品还被评为特等奖。

做梦也没想到女儿最后选择了复读。高考第一天晚上她打来电话，说语文作文没有写够字数，第二天理综更是没有做完，成绩出来只有 630 多分。在经过了多次家庭会议之后，我和爱人尊重了她的选择——重返衡中。

在一年的复读时光里，我们全家顶住了来自各方面的压力，她有眼泪，也有欢笑，多次考进年级前 10 名，还代表学生在高考誓师大会上发言，临近高考的两个月，她压力明显增大，我到学校进行了陪读，见证了她的努力与勤奋，但遗憾的是最后仍然没能走进清北的大门。

提早规划是走向成功的钥匙

“凡事预则立，不预则废。”大学是人生历程的又一个新起点，每一个大学生都要对自己的大学生活有一个正确的认识和合理的规划。

接到哈尔滨工业大学的录取通知书后，在等待开学的时间里，她自己买来六级英语备考书籍和高等数学教材提前进行学习。戏剧性的是入学英语测试由于设备没有调好成绩不理想被分在了普通班，但在期末考试中比高级班还高的成绩让老师惊愕不已。

四年的大学时光里，她总是宿舍里第一个起床，早早地去教室上自习；课堂上，她总是坐在第一排，和教授互动；答疑室里，总是有她的身影；实验室里，她忙着用课余时间做科创项目；假期里，她开展了多项社会实践活动；她还经常到社区开展志愿服务，并一直担任班干部，热心地为同学们当好服务员。大学期间，女儿光荣地加入了中国共产党，并获得了多项奖学金，被评为优秀毕业生。毕业后，她以优异的成绩被推免到清华大学攻读研究生。

一路走来，女儿经历了不少的坎坷，既有成功的喜悦，也有失败后的懊恼。但人生就是如此，有奋斗才有收获，历挫折才会成长。

人生的路还很长，愿女儿在清华大学这块沃土里刻苦学习、厚积薄发、快乐成长、学有所成，未来的生活充满阳光。

作者简介：刘春梅，女，教师。女儿高中毕业于衡水中学，大学毕业于哈尔滨工业大学，现为清华大学2019级环境科学与工程专业研究生。